दाग़
देहलवी

मशहूर शायरों की प्रतिनिधि शायरी

प्रभाकर प्रकाशन

ISBN: 978-93-95565-04-2

eISBN: 978-93-95565-05-9

प्रकाशक: प्रभाकर प्रकाशन
प्लॉट नं.-55, मेन मदर डेयरी रोड
पांडव नगर, ईस्ट दिल्ली-110092
फोन: 011-40395855

ई-मेल: sales@pharosbooks.in
वेबसाइट: www.prabhakarprakashan.com

संस्करण: 2022

दाग़ देहलवी
मशहूर शायरों की प्रतिनिधि शायरी

परिचय

नवाब मिर्ज़ा ख़ान दाग़ को ही दाग़ देहलवी के नाम से जाना जाता है। उनका जन्म 1831 ई० में दिल्ली में हुआ था। जब वह 6 साल के थे तब उनके पिता, नवाब शम्स-उल-दीन ख़ान को दिल्ली के तत्कालीन ब्रिटिश रेजिडेंट सर विलियम फ्रेजर की हत्या में शामिल होने के लिए सज़ा के तौर पर मौत तक की सज़ा दी गई थी। उनकी मौत के बाद उनको उनके सौतेले पिता मिर्ज़ा मुहम्मद फखरू ने पाला। 1865 ई० में उनकी मृत्यु के बाद, दाग़ ने रामपुर के लिए दिल्ली छोड़ दिया। रामपुर छोड़ने के बाद उनको दिल्ली में बसने मे कोई दिक़्क़त नहीं हुई, क्योंकि उनके एक चाचा रामपुर के तत्कालीन नवाब को व्यक्तिगत रूप से जानते थे।

शाही घराने से होने की वजह से दाग़, ग़ालिब के संपर्क में आये। क्योंकि ग़ालिब, बहादुर शाह ज़फ़र के दरबार में एक नियुक्त कवि थे। उनकी कविता शब्दों की सरलता और उसमें भावनाओं के लिए लोकप्रिय हुई। अपने सौतेले पिता की मृत्यु के बाद और बहादुर शाह ज़फ़र के रंगून भेजे जाने के बाद, दाग़ रामपुर वापस आ गए। वह वहाँ नवाब के संरक्षण और पोषण में रहते थे। रामपुर में, दाग़ सरकारी सेवा में चले गए और कम से कम 30 वर्षों तक वहाँ एक आरामदायक जीवन बिताया। इन वर्षों के दौरान दाग़ ने अपनी अधिकांश दिल को छू लेने वाली शायरी और ग़ज़लों की रचना की।

लाल क़िले में बारह वर्ष रहते हुए दाग़ देहलवी ने अपनी शायरी से उस युग के बुजुर्ग शायरों, जैसे–ग़ालिब, मोमिन, ज़ौक़, शेफ़्ता को ही नहीं चौंकाया अपितु अपनी सीधी-सहज भाषा और उसके नाटकीय आकर्षण ने आम लोगों को भी उनका प्रशंसक बना दिया। इनकी ग़ज़ल के इस रूप ने भाषा को मंझा और पारदर्शिता दी, जिसमे बारीक़ से बारीक़ ख़याल के

इज़हार की नयी सम्भावनाएँ थीं। ग़ालिब भी दाग़ के इस अंदाज़ से प्रभावित हुए बिना नहीं रह सके।

दाग़ देहलवी की रचनात्मक क्षमता अपने समकालीन उर्दू शायरों से कहीं अधिक थी। उनका एक 'दीवान' 1857 ई० की लूटमार की भेंट चढ़ गया था। दूसरा उनके हैदराबाद के निवास के दौरान किसी के हाथ की सफाई का शिकार हो गया। इन दो दीवानों के खो जाने के बावजूद दाग़ देहलवी के पाँच दीवान 'गुलज़ारे दाग़', 'महताबे दाग़', 'आफताबे दाग़', 'यादगारे दाग़', 'यादगारे दाग़–भाग–2', जिनमें 1038 से ज़्यादा ग़ज़लें, अनेकों मुक्तक, रुबाईयाँ, सलाम मर्सिये आदि शामिल थे, इसके अतिरिक्त एक 838 शेरों की मसनवी भी 'फरियादे दाग़' के नाम से प्रकाशित हुई। इतने बड़े शायरी के सरमाये में सिर्फ़ उनकी मोहब्बत की बाज़ारियत को ही उनकी शायरी की पहचान समझना सबसे बड़ी भूल होगी। इससे इंकार करना कठिन है कि लाल क़िले के मुजरों, कव्वालियों, अय्याशियों, अफीम शराब की रंगरलियों से जिनकी ऊपरी चमक-दमक में उस समय की दम तोड़ती तहजीब की अंतिम हिचकियाँ साफ सुनाई देती थीं, दाग़ अपने बचपन और जवानी के शुरुआती वर्षों में प्रभावित हुए थे। इस दौर का सांस्कृतिक पतन उनके शुरू के इश्क़ के रवैये में साफ नज़र आता है। उनकी ग़ज़ल की नायिका भी इस असर के तहत बाज़ार का खिलौना थी, जिससे वो भी उन दिनों की परम्परा के अनुसार खूब खेले। लेकिन दाग़ देहलवी का कमाल यह है कि वह यहीं तक सीमित होकर नहीं रहे थे। उनकी शायरी में उनके व्यक्तित्व की भाँति, जिसमें आशिक, नजाराबाज़, सूफ़ी, फनकार, दुनियादार, अतीत, वर्तमान एक साथ जीते-जागते हैं, कई दिशाओं का सफरनामा है। ये शायरी जिन्दा आदमी के विरोधाभासों का बहुमुखी रूप है, जिसे किसी एक चेहरे से पहचान पाना मुश्किल है।

1

अच्छी सूरत पे ग़ज़ब टूट के आना दिल का
याद आता है हमें हाय ज़माना दिल का

निगहे यार[1] ने की ख़नाख़राबी[2] ऐसी
न ठिकाना है जिगर का, न ठिकाना दिल का

दे ख़ुदा और जगह सीना ओ पहलू के सिवा
कि बुरे वक़्त में हो जाये ठिकाना दिल का

निगह ए शर्म[3] को बेताब किया, काम किया
रंग लाया तेरी आँखों में समाना दिल का

बाद मुद्दत के ये ऐ 'दाग़' समझ में आया
वही दाना[4] है, कहा जिसने न माना दिल का

1. प्रिय के नेत्र 2. घर की बरबादी 3. लज्ज़ित दृष्टि 4. बुद्धिमानी।

2

अपनी नज़र में हेच[1] है सारे जहाँ की सैर
दिल ख़ुश न हो, तो किसका तमाशा, कहाँ की सैर

बाबे क़ुबूल[2] तक नहीं पहुँची हमारी आह
फिर-फिर के कर रही है अभी आसमाँ की सैर

सैरे ख़िज़ाँ भी दीद ए इबरत नगर[3] करे
क्या की, जो की बहारे गुलो गुलसिताँ[4] की सैर

दिल में कभी, जिगर में कभी है निगाहें यार[5]
देखे तो कोई आँख से इस मेहमाँ की सैर

दुनिया में देखने के लिए आँख चाहिए
जन्नत की सैर से है सिवा इस मकाँ[6] की सैर

किस पर जमाये आँख, ख़रीदार क्या करे
बाज़ारे हुस्न[7] में है नयी हर दुकाँ की सैर

---

1. तुच्छ 2. स्वीकृति के द्वार तक 3. दर्शन का आनन्द मिलना 4. फूलों और बाग़ की सैर 5. मित्र की दृष्टि 6. दुनिया 7. सौन्दर्य का बाज़ार।

3

अर्शो[1] कुर्सी पे क्या ख़ुदा मिलता
आगे बढ़ते, तो कुछ पता मिलता

इस जफ़ा का जभी मज़ा मिलता
कोई तुझको अगर बुरा मिलता

मुद्दई[2] बन के दिल बग़ल में रहा
काश[3] ये दुश्मनों में जा मिलता

आशिक़ी से मिलेगा ऐ ज़ाहिद[4]
बन्दगी[5] से नहीं ख़ुदा मिलता

दोस्तों से तो कुछ न निकला काम
कोई दुश्मन ही काम का मिलता

तुमको ये मिल गया है क़िस्मत[6] से
'दाग़'-सा वरना दूसरा मिलता

1. आकाश 2. प्रतिवादी 3. ईश्वर करे 4. संयमी 5. सर झुकाना 6. भाग्य।

☙ 4 ❧

असीरे दाग़े बला[1] और कौन है, मैं हूँ
शिकारे तीरे जफ़ा[2] और कौन है, मैं हूँ

तेरी अदा पे फ़िदा और कौन है, मैं हूँ
तबाह मेरे सिवा और कौन है, मैं हूँ

कहाँ से आयी शबे ग़म सदा तसल्ली की
यहाँ तो बारे ख़ुदा और कौन है, मैं हूँ

मुझे तो रंज न दे तू कि ऐ दिले नादाँ
जहाँ में दोस्त तेरा और कौन है, मैं हूँ

शरीक रूह भी मेरी है मेरे मातम में
शमूले अहले अज़ा[3] और कौन है, मैं हूँ

मिटे हुओं का हमेशा निशान रहता है
बक़ा[4] के ग़म में फ़ना[6] और कौन है, मैं हूँ

ख़याले[6] यार ये कहता है मुझसे ख़िल्वत[7] में
तेरा रफ़ीक़[8] बता और कौन है, मैं हूँ

हिजाब मुझसे, हया मुझसे, आर[9] है मुझसे
इस अंजुमन में नया और कौन है, मैं हूँ

1. मुसीबत के जाल में फँसा क़ैदी 2. अत्याचार के तीर का निशाना 3. मिलकर रोने वाले 4. अमर 5. मृत्यु 6. प्रिय की कल्पना 7. अकेलापन 8. मित्र 9. घृणा।

5

आईना अपनी नज़र से न जुदा होने दो
कोई दम और भी आपस में ज़रा होने दो

कम निगाही[1] में इशारा है, इशारे में हया[2]
या न होने दो मुझे चैन से या होने दो

हाथ बांधे हुए अग्यार[3] के साथ आओगे
हम दिखा देंगे मज़ा, रोज़े जज़ा[4] होने दो

हम भी देखें तो कहाँ तक न तवज्जोह होगी
कोई दिन तज़्किरा ए अह्ले वफ़ा[5] होने दो

आँख मिलते ही कहूँ ख़ाक हक़ीक़त दिल की
देखकर जल्वा मेरे होश बजा होने दो

तुम दिलाज़ार बने रश्के मसीहा कब से
कम न होने दो मेरा दर्द, सिवा होने दो

मेरी आँखों पे, मेरे मुँह पे तुम न हाथ रखो
हर्फ़े मतलब[6] किसी सूरत से अदा होने दो

लुत्फ़ समझो, तो रक़ीबों से बढ़ा दो मुझको
सैर देखो, तो कोई फ़ितना[7] बपा होने दो

1. कम देखना 2. शर्म 3. प्रतिद्वन्द्वी 4. परिणाम के दिन 5. निष्ठावान 6. अभिप्राय 7. उपद्रव।

6

आईना ए दिल[1] ने तमाशा किया
अपनी जगह मैं उसे देखा किया

सबने तो दीदार ख़ुदा का किया
मुझको भी देखा तुझे देखा किया

तूने भी आशिक़ न किये इतने क़त्ल
हमने बहुत ख़ूने तमन्न[2] किया

शिकवे से उसके हुए बदनाम सब
सौ में अगर एक ने ऐसा किया

रोज़े क़यामत[3] वो दमे बाज़ पुर्स[4]
चश्मे ग़ज़ब[5] से मुझे देखा किया

मैं सितम ए ग़ैर का शिकवा करूँ
और वो सुनकर कहें अच्छा किया

देखते ही मुझको कहा रोज़े हश्र[6]
तूने यहाँ भी हमें रुस्वा[7] किया

1. हृदयरूपी शीशा 2. इच्छाओं का ख़ून 3. प्रलय के दिन 4. हाल-चाल पूछने के बाद 5. क्रुद्ध आँख 6. क़यामत के दिन 7. बदनाम।

7

आज ठहरे मेरी तुम्हारी शर्त
वस्ल की शर्त है, ये प्यारी शर्त

शर्त भी और फिर तुम्हारी शर्त
जीत ली तुमने, मैंने हारी शर्त

अश्क गुम्माज़[1] हो, तो क्या कीजै
है मुहब्बत में राज़दारी[2] शर्त

दिलरुबाओं को है ज़फ़ा लाज़िम[3]
दिलक़िमाशों[4] को बेक़रारी शर्त

हो ये आदत न बाइसे ग़फ़लत[5]
है तग़ाफुल[6] में होशियारी शर्त

जोशे रहमत के वास्ते ज़ाहिद
हे ज़रा-सी गुनाहगारी शर्त

बदगुमानों[7] से इश्क़ का दावा
वाह ऐ 'दाग़' ख़ूब हारी शर्त

---

1. चुग़लख़ोर 2. भेद छिपाना 3. आवश्यक 4. दिल को दाँव पर रखने वाले 5. लापरवाही 6. ईश्वरीय कृपा 7. सन्देही।

8

आती है हसरत[1] दिले नाकाम[2] पर
इसको दे डालूँ ख़ुदा के नाम पर

उज़्र[3] क्यों करते हो इससे फ़ायदा
मिट चुके हम लज़्ज़ते दुश्नाम[4] पर

जानकर हों मुब्तिला[5] तो क्या इलाज
थी नज़र आग़ाज़[6] से अंजाम[7] पर

वस्ल की शब[8] क्यों न इतराकर खिंचे
सुब्हे आशिक़ हो गयी है शाम पर

बदगुमानी[9] मुझको ले चल उनके साथ
मुसकुराते जाते हैं हर गाम[10] पर

जलने लगती है ज़ुबाँ कहते ही 'दाग़'
उफ़ निकल जाता है मेरे नाम पर

1. इच्छा 2. असफल हृदय 3. बहाना 4. गालियों का स्वाद 5. व्यस्त 6. आरम्भ 7. परिणाम 8. रात 9. भ्रम 10. क़दम-क़दम पर।

☙ 9 ❧

आरज़ू[1] है वफ़ा[2] करे कोई
जी न चाहे, तो क्या करे कोई

मर्ज़ ही गर दवा करे कोई
मरने वाले को क्या करे कोई

कोसते हैं जले हुए क्या-क्या
अपने हक़[3] में दुआ करे कोई

चाह से आपको तो नफ़रत है
मुझको चाहे ख़ुदा करे कोई

उस गिले[4] को गिला नहीं कहते
गर मज़े का गिला करे कोई

मुँह लगाते ही 'दाग़' इतराया
लुत्फ़ फिर जफ़ा[5] करे कोई

---

1. इच्छा 2. प्रेम 3. अपने लिए 4. शिकायत 5. दुश्मनी।

10

आलमे यास[1] में घबराये न इन्सान बहुत
दिल सलामत है, तो हसरत बहुत, अरमान बहुत

क़त्ल होने न दिया शुक्रे जफ़ा[2] ने मुझको
काम आते हैं बुरे वक़्त में औसान[3] बहुत

सर उठाता नहीं तू शर्मे जफ़ा से ज़ालिम
या किये हैं किसी कमबख़्त ने एहसान बहुत

तुम कि बेदाद[4] करो और न शरमाओ ज़रा
हम कि नाकरदा[5] गुनाह[6] और पशेमान[7] बहुत

हसरतें[8] रोज़ नयी दिल में भरी जाती हैं
थोड़े-थोड़े भी हुए जाते हैं मेहमान बहुत

वादा करते ही पलट जाओ, हम इससे ख़ुश हैं
दिले ग़मगीं को ख़ुशी की तो है इक आन बहुत

बज़्मे एहबाब[9] में 'दाग़' कभी तो हँस बोल
देखते हैं तुझे हर वक़्त परेशान बहुत

---

1. निराशा 2. बेवफ़ाई 3. होश 4. निष्ठुर 5. न किया हुआ 6. पाप 7. लज्ज़ित 8. इच्छाएँ 9. मित्र-मण्डली।

11

आशिक़ के दिल में और तेरी आरज़ू न हो
इस बाग़ का तू फूल हो, फिर इसमें बू न हो

खटका हुआ है ख़ारे तमन्ना से इस क़दर
डरता हूँ यास[1] से भी कहीं आरज़ू न हो

ले तो चला है नासिहे नादाँ[2] पयामे वस्ल[3]
मैं शर्त बाँधता हूँ जो बे आबरू[4] न हो

ऐ दर्दे इश्क़ ख़ाना ए दिल[5] घर तेरा सही
आबाद ये मकान तो जब हो कि तू न हो

इस फ़िक्र में उनसे न हम बात कर सके
ये गुफ़्तगू न हो कहीं, वो गुफ़्तगू न हो

इक तेरी दोस्ती में हुई सबसे दुश्मनी
गर ये न हो, तो कोई किसी का अदू न हो

बख़्शे ही जायें शर्म हुज़ूरी से लाख जुर्म
दुनिया में क्या करें, जो ख़ुदा रूबरू न हो

हम बादानोश[8] पाँव न रक्खें बहिश्त में
जब तक हमारे सामने जाम ओ सुबू[7] न हो

---

1. निराशा 2. मूर्ख उपदेशक 3. मिलन का सन्देश 4. अपमानित 5. घर 6. शराबी 7. शराब और प्याला।

12

इसलिए वस्ल[1] से इनकार है हम जान गये
ये न समझे कोई क्या जल्द कहा मान गये

ग़ैर के दिल में न हों उसकी तलाशी लेना
कि शबे हिज्र[2] में चोरी मेरे अरमान गये

देख कहते हैं इसे आयी-गयी का सौदा
हम तेरे आते ही सौ जान से क़ुर्बान गये

या इलाही कहीं लुटती तो नहीं राहे अदम[3]
जाने वाले जो यहाँ छोड़ के सामान गये

आजकल नाला ए बुलबुल[4] में भी तासीर[5] नहीं
क्या अजब[6] गुल ये पुकारे कि मेरे कान गये

बन्द ए इश्क़[7] हों ऐसे कि इलाही तौबा[8]
तुम तो माशूक़ को ऐ 'दाग़' ख़ुदा जान गये

1. मिलन 2. विरह की रात 3. परलोक की राह 4. बुलबुल का क्रन्दन 5. प्रभाव 6. आश्चर्य 7. प्रेम करने वाले 8. हे परमात्मा।

☙ 13 ❧

उज[1] आने में भी है और बुलाते भी नहीं
बाइसे तर्क़े मुलाक़ात[2] बताते भी नहीं

मुन्तिज़र[3] हैं दमे रुख़्सत[4] कि ये मर जाये
तो जाये फिर ये एहसान कि हम छोड़ के जाते भी नहीं

क्या कहा, फिर वो कहो, हम नहीं सुनते तेरी
नहीं सुनते, तो हम ऐसों को सुनाते भी नहीं

ख़ूब परदा है कि चिलमन से लगे बैठे हैं
साफ़ छिपते भी नहीं सामने आते भी नहीं

हो चुका तर्के तअल्लुक़[5] तो जफ़ाएँ क्यों हों
जिनको मतलब नहीं रहता, वो सताते भी नहीं

ज़ीस्त[6] से तंग हो ऐ 'दाग़' तो क्यों जीते हो
जान प्यारी भी नहीं, जान से जाते भी नहीं

---

1. आपत्ति 2. न मिलने का कारण 3. प्रतीक्षा करना 4. विदा होते मय 5. सम्बन्ध विच्छेद 6. जीवन।

14

उड़ायी ख़ाक तेरी जुस्तजू[1] में हर कहीं बरसों
फिरी है आसमाँ बनकर मेरे सर पर ज़मीं बरसों

न आया है, न आये उसके वादे का य़कीं[2] बरसों
यूँ ही है आज, कल, परसों मगर मिलते नहीं बरसों

बुरा हो जज़्ब ए दिल[3] का, उसे क्यों खींच लाया था
कि आँखों से दबाये हमने पाए नाज़नीं बरसों

न आँखों का इजारा[4] है, न दिल का ज़ोर है उन पर
जो ख़ुद मुख़्तार हैं, ठहरें कहीं दम-भर, कहीं बरसों

नहीं था, तो भी था वो बेवफ़ा आग़ोशे दुश्मन में
कि मेरी बदगुमानी ने उसे रक्खा वहीं बरसों

जुनूँ को भी तो बे सामाँ नहीं देखा गया हमसे
रही है दश्ते वहशत[5] में हमारी आस्तीं[6] बरसों

1. तलाश 2. विश्वास 3. दय का खिंचाव 4. अधिकार 5. उन्मादी हाय 6. बाँहें।

15

उम्मीदवार हूँ करम ए बेहिसाब का
पीता हूँ डगडगा के पियाला शराब का

चर्चा है उनके घर में मेरे इज़्तिराब[1] का
देखा सुलूक़ इस दिले ख़ानाख़राब का

बेकार मुफ़्त ख़ाक उड़ाती फिरी सबा[2]
गोशा[3] उलट दिया न किसी की नक़ाब का

ये बात है बहारे चमन ही के वास्ते
आता नहीं पलट के ज़माना शबाब[4] का

या तमकनत[5] समायी तबीअत में आपकी
या सब्र पड़ गया दिले पुर इज़्तिराब का

उल्ला है ख़ूवाबे नाज़[6] से कोई जो दिन चढ़े
चमका हुआ है आज नसीब आफ़्ताब[7] का

रोज़ा[8] रखें नमाज़ पढ़ें हज अदा करें
अल्लाह ये सवाब[9] भी है किस अज़ाब[10] का

होने को तेरी चश्मे तग़ाफ़ुल[11] में क़हर[12] हो
हमसे मिले, तो लुत्फ़[13] मिले कुछ अताब[14] का

---

1. बेचैनी 2. प्रातःकालीन वायु 3. कोना 4. जवानी 5. नख़रे 6. सुख-निद्रा 7. सूर्य 8. व्रत 9. उपकार 10. पाप 11. वेपरवा नेत्र 12. प्रलय 13. मज़ा 14. क्रोध।

16

उसकी शरारतें भी क़यामत से कम नहीं
दिल तुझसे बढ़ के ये किसी सूरत से कम नहीं

अन्दोहे[1] दर्द, यासो ग़मो[2] रंज अपने पास
जो कुछ है, वो तुम्हारी इनायत से कम नहीं

वो लज़्ज़ते विसाल[3] से लेते हैं जान ओ दिल
ये मेहरबानियाँ भी अदावत[4] से कम नहीं

वो अपने दिल में खुश हों, ये बात ही कुछ और
शुक्रे जफ़ा[5] वगरना[6] शिकायत से कम नहीं

ख़ुने जिगर कभी न करूँगा तमाम उम्र
जो रिज्क़[7] मिल गया, मेरी क़िस्मत से कम नहीं

तूने दिया फ़रोग़[8] तो है 'दाग़' आफ़ताब[9]
ज़र्रा[10] भी वर्ना उसकी हक़ीक़त से कम नहीं

1. दुःख 2. निराशा 3. मिलन का स्वाद 4. शत्रुता 5. निष्ठुरता 6. नहीं तो 7. जीविका 8. उन्नति 9. सूर्य 10. कण।

ღ 17 ღ

एक ही रंग[1] है सब में, ये तमाशा कैसा
कोई कैसा है, कोई चाहने वाला कैसा

रोये हम यास[2] में इस रंग का रोना कैसा
पानी हो-हो के बहा ख़ूने तमन्ना कैसा

अरसा ए हश्र[3] में इंसाफ़ हमारा कैसा
देखना ये है कि होता है तमाशा कैसा

बख़्श दे उस बुते शफ़्फ़ाक[4] को ऐ दावरे हश्र[5]
ख़ून ही मुझमें न था, ख़ून का दावा कैसा

नींद आयी है, बड़ी रात गये आये हो
सुर्ख़ आँखों में भला नश्शए सहबा[6] कैसा

डूबते हैं अश्क ए शर्म[7] में ग़ैरत वाले
डूब मरने ही पे जब आये, तो दरिया कैसा

ख़ूबियाँ लाख किसी में हों, तो ज़ाहिर न करे
लोग करते हैं बुरी बात का चर्चा कैसा

नामाबर[8] तूने भी देखा है उसे, सच कहना
ज़ात कैसी है, फबन कैसी है, नक़्शा कैसा

---

1. व्यवहार 2. निराशा 3. प्रलय का दिन 4. कोमल 5. ईश्वर 6. शराब का नशा 7. लज़्ज़ा का पानी 8. सन्देश वाहक।

18

ऐब निकला जो हुनर पैदा किया
हमने खोया जिस क़दर पैदा किया

अह्ले जन्नत[1] को भी आया उससे रश्क
जिस किसी ने दिल में घर पैदा किया

शर्म है पैदा किये की उसके हाथ
जिसने मुझको बेहुनर पैदा किया

इश्क़ ने क्या-क्या दिखाये शोबदे[2]
दिल इधर खोया, उधर पैदा किया

हाय रे मैं! वाह, क्या कहना मेरा
रंज उनको छोड़कर पैदा किया

मुद्दआ ये था कि हम देखें तुझे
वरना क्यों नूरे नज़र[3] पैदा किया

जीने देता किसको 'दाग़' रूसियाह[4]
पर ख़ुदा ने देखकर पैदा किया

1. स्वर्ग में रहने वाले 2. खेल 3. दिव्य ज्योति 4. अभागा।

☙ 19 ❧

काम रुकने का नहीं ऐ दिले नादाँ कोई
कुछ-न-कुछ ग़ैब[1] से हो जायेगा सामाँ[2] कोई

बेचता हूँ जो ख़रीदे मेरे अरमाँ कोई
मुफ़्त देता हूँ, अगर मान ले एहसाँ कोई

इश्क़ जिसको न हो ऐसा, न हो इन्सां कोई
आगे तक़दीर है ख़ुश हो कि पशेमाँ कोई

था अभी चश्मे तसव्वुर[3] में नुमायाँ[4] कोई
हो गया देखते-ही-देखते पिनहाँ[5] कोई

इन उचटती हुई बातों के नहीं हम क़ाइल
करे इनकार बअन्दाज़े-ए-पैमाँ[6] कोई

शिकवा ए रंजिशो बेदाद[7] भी करना क़ासिद
मगर इतना कि, न हो जाये पशेमाँ कोई

देर हो जाये बला से उन्हें आराइश[8] में
रह न जाये किसी कम्बख़्त का अरमाँ कोई

हसरतें यूँ तो मुहब्बत में बहुत होती हैं
दिल में रखने का निकल आता है अरमाँ कोई

---

1. आकाशवाणी 2. ढंग 3. स्वप्निल नेत्रों में 4. ज़ाहिर 5. छिपा हुआ 6. वादे की भाँति 7. अत्याचारों की शिकायत 8. प्रदर्शन दिखावा।

20

किसी का मुझको न मुहताज रख ज़माने में
कमी है कौन-सी यारब तेरे ख़ज़ाने में

जो हो इजाज़ते सैयाद[1] ओ ताक़ते परवाज़[2]
क़फ़स[3] को ले के चला आऊँ आशियाने में

रक़ीब भी तो उसे कान दे के सुनते हैं
अजब तरह का मज़ा है मेरे फ़साने में

न बाज़ आ दिले मुज़्तर[4] सवाले पैहम[5] से
वो सोचते हैं अभी देर है बहाने में

मिला न ख़िरमने हस्ती[6] से कुछ सिवा ए अजल[7]
भरा है ज़हर मगर इसके दाने-दाने में

न रख मुझे क़फ़स ए आहिनी[8] में ऐ सैयाद[9]
बजाये ख़ार, थे गुलशन मेरे आशियाने में

पढ़ेंगे हज़रते ज़ाहिद वहाँ भी जा के नमाज़
बनेगी छोटी-सी मस्जिद शराबख़ाने में

माल ए कार[10] ख़ुदा जाने 'दाग़' क्या होगा
ख़ुदा से काम पड़ा आख़िरी ज़माने में

1. शिकारी की आज्ञा 2. उड़ने की शक्ति 3. पिंजरा 4. परेशान 5. लगातार प्रश्न 6. जीवनरूपी खलिहान 7. मृत्यु 8. लोहे का पिंजरा 9. शिकारी 10. कार्यफल।

21

कुछ और दिल्लगी नहीं इस ख़ुशनसीब से
हम जानते हैं खेलते हो तुम रक़ीब से

बह्‌रे दुआ ए मर्ग[1] उठे किस तरह से हाथ
छुटती नहीं है नब्ज़ हमारी तबीब[2] से

मैं बदगुमानियों[3] का भी ममनून[4] हो गया
वो हाल पूछ लेते हैं मेरा तबीब से

शोख़ी में तमकनत[5] है, तो फिर नाज़ में नियाज़[6]
तालीम तुमने पायी है अच्छे अदीब से

अपना ही अक्स क्यों न हो अल्लाह रे हिजाब
देखा न आईना कभी उसने क़रीब से

अफ़्काए राज़े इश्क़[7] की आदत भी है बुरी
हमने हमेशा हाल छिपाया तबीब से

दीवानगी में भी न गयीं अपनी शोख़ियाँ
गुलशन में फूल माँगते है अन्दलीब[8] से

दुश्मन बनाये हैं मेरी क़िस्मत ने सैकड़ों
चाहा है उसको ख़ल्क़[9] ने मेरे नसीब से

---

1. मृत्यु के लिए प्रार्थना 2. चिकित्सक 3. भ्रम 4. कृतज्ञ 5. चंचलता 6. कृपा 7. प्रणय का भेद छिपाना 8. बुलबुल 9. संसार।

22

कुछ हमें भी ख़याल हो ही गया
आख़िर उनसे मलाल हो ही गया

उनसे मुश्किल विसाल[1] हो ही गया
था जो मुम्किन मुहाल[2] हो ही गया

दिल में रहा जब तक तेरा शिकवा
लब पे आकर सवाल हो ही

यास[3] अंजामकार[4] हो ही गयी
शौक़[5] ख़्वाबो ख़याल[6] हो ही गया

ऐसे वादे किये कोई जाने
आज पूरा सवाल हो ही गया

दौलते हुस्न हो कि दौलते ज़र
आख़िर-आख़िर ज़वाल[7] हो ही

गो[8] किया ज़ब्त ज़िक्रे दुश्मन पर
रुख़[9] से ज़ाहिर मलाल[10] हो ही गया

यूँ बुराई से हो मगर आख़िर
उनको मेरा ख़याल हो ही गया

1. मिलन 2. कठिन 3. निराशा 4. फलदायक 5. रुचि 6. स्वप्न 7. पतन 8. यद्यपि 9. मुख 10. दुःख।

23

क्या तूने मेरा हाले परीशाँ नहीं देखा
इस तरह से देखा कि मेरी जाँ नहीं देखा

जब हाथ पड़ा वस्ल में शोख़ी से किसी का
फिर हमने गिरेबाँ[1] को गिरेबाँ नहीं देखा

नज़रों में समाया हुआ साया नहीं जाता
लैला ने कभी क़ैस को उरियाँ[2] नहीं देखा

जो दिन मुझे तक़्दीर की गर्दिश[3] ने दिखाया
तूने भी वो ऐ गर्दिशे दौराँ[4] नहीं देखा

क्या ऐश से मामूर[5] थी वो अंजुमन ए नाज़[6]
हमने तो वहाँ शम्मा का गिरिया[7] नहीं देखा

क्यों पूछते हो कौन है ये किसकी है शोहरत
क्या तुमने कभी 'दाग़' का दीवाँ[8] नहीं देखा

---

1. कुर्ते का ऊपरी भाग 2. नग्न 3. फेर 4. समय का फेर 5. भरी हुई 6. सौन्दर्य-सभा 7. रुदन 8. गजलों का संग्रह।

24

क्यों फ़िक्र इस क़दर है रक़ीबों[1] के बाब[2] में
उनके गुनाह डाल दो मेरे हिसाब में

सूफ़ी का इज्तनाब[3] है, वाइज़ का एतराज़
क्या ज़हर् पुल गया है इलाही शराब में

यारब न पूछ अरस ए महशर[4] में राज़े दिल
करता हूँ मैं हिजाब[5] की बातें हिजाब में

मैं देखता हूँ देखते ही वस्लो हिज्र में
ताबीर[6] मुझको ख़ूवाब की मिलती है ख़ूवाब में

आँख अपनी बन्द होते ही परदे से उठ गये
देखा था हमने ख़ाक जहाने ख़राब में

कुछ होश हो, तो 'दाग़' को समझायें नेक ओ बद
डूबा हुआ है नश्शए जाए शराब में

---

1. प्रतिद्वन्द्वी 2. विषय में 3. परहेज़ 4. प्रलय का मैदान 5. परदा 6. परिणाम।

☙ 25 ❧

ख़त में लिक्खे हुए रंजिश के कलाम आते हैं
किस क़यामत के ये नामे[1] मेरे नाम आते हैं

ताबे नज़्ज़ारा[2] किसे, देखे जो उनके जल्वे
बिजलियां कौंधती हैं जब लबे बाम[3] आते हैं

तो सही हश्र में तुझसे जो न कहला दूँ
दोस्त वो होते हैं, जो वक़्त पे काम आते हैं

रहरवे ए राहे मुहब्बत का ख़ुदा हाफिज़ है
इसमें दो-चार बहुत सख़्त मुक़ाम आते हैं

सब्र करता है कभी और तड़पता है कभी
दिले नाकाम को अपने यही काम आते हैं

न किसी शख़्स की इज़्ज़त, न किसी की तौक़ीर[4]
आशिक़ आते हैं तुम्हारे कि गुलाम आते हैं

1. पत्र 2. देखने का हौसला 3. मुंडेर पर 4. आदर।

रस्मे तहरीर भी मिट जाये, यही मतलब है
उनके ख़त में मुझे ग़ैरों के सलाम आते हैं

गिरिया[5] हो, नाला हो कि हसरत हो
आने वाली तेरी फ़र्क़त में मदाम[6] आते हैं

5. रोना 6. सदैव।

☙ 26 ❧

गर मेरे अश्के सुर्ख़[1] से रंगे हिना[2] मिले
जो चोर की सज़ा, वही मुझको सज़ा मिले

जाते थे मुँह छुपाये हुए मैकदे[3] को हम
आते हुए उधर से कई पारसा मिले

अपनी भी शामत[4] आयी, तौबा[5] के साथ ही
अह्दे शबाब[6] के जो कहीं आश्ना[7] मिले

शौक़े विसाल[8] ख़ाक में सबको मिलायेगा
तुम क्यों मिले किसी से, तुम्हारी बला मिले

अल्लाह दे, तो फ़क़्र[9] की दौलत है सल्तनत[10]
जितने फ़क़ीर मुझको मिले, बादशाह मिले

दुनिया में दिल्लगी के लिए कुछ तो चाहिए
हम इन बुतों से मिलते हैं, जब तक ख़ुदा मिले

इस वास्ते उठायी हैं तेरी बुराइयाँ
डरता हूँ मैं कि और ना तुम-सा बुरा मिले

ऐ 'दाग़' अपनी वज़्आ[11] हमेशा यही रही
कोई खिंचा-खिंचा, कोई हमसे मिला-मिले

---

1. लाल आँसू 2. मेहँदी का रंग 3. मदिरालय 4. मुसीबत 5. इनकार 6. जवानी के दिन 7. मित्र 8. मिलन की इच्छा 9. फ़क़ीरी 10. राज्य 11. ढंग।

☙ 27 ❧

गिरह[1] जो पड़ गयी रंजिश[2] में वो मुश्किल से निकलेगी
न उनके दिल से निकलेगी, न मेरे दिल से निकलेगी

अदा तेरी, फ़ुग़ाँ[3] मेरी, भला कब चैन देती है
जिगर थामे हुए ख़िल्कत तेरी महफ़िल से निकलेगी

किसी बद ख़ू[4] से हम कहने लगे थे मुद्दआ[5] अपना
ये क्या मालूम था आवाज़ भी मुश्किल से निकलेगी

तरसते[6] हैं क़यामत के, ग़ज़ब के, रात-दिन फ़िक़रे[7]
नयी जब बात निकलेगी, तेरी महफ़िल से निकलेगी

रुमूज़े आशिक़ी[8] का आशिक़ो तुम 'दाग़' से पूछो
कि बारीकी में बारीकी[9] उसी कामिल[10] से निकलेगी

1. गाँठ 2. शत्रुता 3. रुदन 4. बुरी आदत वाला 5. अभिप्राय 6. बनाना 7. उच्च श्रेणी 8. बातें 9. प्रेम का भेद 10. दक्ष।

28

ग़ैर को मुँह लगा के देख लिया
झूठ-सच आज़्मा के देख लिया

उनके घर दाग़ जा के देख लिया
दिल के कहने में आ के देख लिया

कितनी फ़रहत फ़िज़ा[1] थी बूए वफ़ा[2]
उसने दिल को जला के देख लिया

जिस[3] दिल है, वो है नहीं सौदा
हर जगह से मँगा के देख लिया

जाओ भी, क्या करोगे मेह्र ओ वफ़ा[4]
बारहा[5] आज़्मा के देख लिया

इधर आईना है, उधर दिल है
जिसको चाहा, उठा के देख लिया

उसने सुब्हे शबे विसाल मुझे
जाते-जाते भी आ के देख लिया

'दाग़' ने ख़ूब आशिक़ी का मज़ा
जल के देखा, जला के देख लिया

1. आरामदायक 2. प्यार की सुगन्ध 3. सामान 4. कृपा 5. बार-बार।

29

ग़ैर पर लुत्फ़ ओ करम[1] बस हो चुका
हो चुका हम पर सितम बस हो चुका

दिल में रहने दे कसक[2] ऐ चारागर[3]
दर्द अपना कम से कम बस हो चुका

मैं दमे आख़िर से अपने शाद[4] हूँ
इन्तिहा का रंजो ग़म बस हो चुका

गर यही क़समें हैं, तो मुझको यक़ीं
आपके सर की क़सम बस हो चुका

देखता भी तो नहीं वो बादाख़्वार[5]
साग़रे दिल जामे जम बस हो चुका

कल जो इक दाग़े हज़ीं[6] मशहूर था
आज वो बीमारे ग़म बस हो चुका

---

1. कृपा 2. दर्द 3. चिकित्सक 4. प्रसन्न 5. शराबी 6. दुःख का चिह्न।

30

चले आते हो ऐसे बेक़रार आये, तो क्या आये
कि घोड़े पर हवा के तुम सवार आये, तो क्या आये

बहुत तकलीफ़ पायी है, बहुत सदमे उठाये हैं
तबीअत अब कहीं बे इख़्तियार[1] आये, तो क्या आये

हवा भी तेरी ख़िल्वतगाह[2] में आने नहीं पाती
तेरे दर तक मेरा मुश्ते ग़ुबार[3] आये, तो क्या आये

बढ़ी आती है, आये, जो उमीदी पेशवाई[4] की
तेरे दर पर कोई उम्मीदवार आये, तो क्या आये

क़दम रक्खा था बाज़ीगाहे उल्फ़त[5] में कि दिल खोया
गये थे जीतने, क्या चीज़ हार आये, तो क्या आये

जो हैं अह्ले हवस साक़ी, शराबे इश्क़ का उनको
सुरूर आये, तो क्या आये, ख़ुमार आये, तो क्या आये

तुम्हारी बज़्म में देखा न हमने 'दाग़'-सा कोई
जो सौ आये, तो क्या आये, हज़ार आये, तो क्या आये

1. आसपास 2. एकान्त 3. मुल्ली-भर धूल 4. स्वागत 5. प्रेम के खेल का मैदान।

❧ 31 ❧

चोट खाना दिले हज़ीं[1] न कहीं
दर्द रह जायेगा कहीं न कहीं

है कुदूरत[2] भरी हुई इसमें
आसमाँ पर भी हो ज़मीं न कहीं

हाल पहलू बचा के लिक्खा है
ताड़ जाये वो नुक्ताचीं[3] न कहीं

न करो इम्तिहाने मेह्र ओ वफ़ा[4]
आये इस झूठ पर यक़ीं न कहीं

मौत उसी आस्ताँ[5] पे आ जाये
सिर्फ़ सिज्दा हो फिर जबीं न कहीं

आपकी गुफ़्तगू का क्या कहना
चार बातें भी दिलनशीं न कहीं

'दाग़' फिर ताक-झाँक करते हैं
अब घिरे, अब फँसे कहीं न कहीं

1. दुखी मन 2. शत्रुता 3. बहस करने वाला 4. कृपा-धर्म 5. चौखट।

☙ 32 ❧

छीनकर बुत[1] दिले नाकाम[2] लिये जाते हैं
लूटकर राहत ओ आराम लिये जाते हैं

नज़र आता हूँ न उस बज़्म से उठ सकता हूँ
नातवानी[3] से बड़े काम लिये जाते हैं

गर्चे देते हैं ज़ुबाँ से वो शिकायत का जवाब
दिल में क्या-क्या दमे इल्ज़ाम[4] लिये जाते हैं

शिकवा ए मेह्र ओ वफ़ा[5] किसने कहा, किसने सुना
फिर वही आप मेरा नाम लिये जाते हैं

जब तसव्वुर में कोई परदानशीं[6] होता है
दिल से आँखों के बहुत काम लिये जाते हैं

मोल जन्नत का हुआ नक़्दे इबादत[7] ज़ाहिद
है कहीं माल, कहीं दाम लिये जाते हैं

क्या मज़ा है कि शिकायत में मज़ा आता है
ख़ुद ही इल्ज़ाम पे इल्ज़ाम लिये जाते हैं

मैकशो हज़रते ज़ाहिद[8] की तलाशी लेना
कि छुपाये हुए वो जाम लिये जाते हैं

---

1. माशूक़ 2. बरबाद 3. कमज़ोरी 4. कमज़ोरी 5. दोष देते समय 6. कृपा और सच्चाई की शिकायत 7. परदा करने वाले 8. उपदेशक महोदय।

33

जब मए लालाफ़ाम[1] होती है
मुझको तौबा[2] हराम होती है

ये भी तर्ज़े ख़राम[3] होती है
सारी दुनिया तमाम होती है

ख़ूबरू[4] वो है, जिसकी ख़ू[5] अच्छी
शम्मा सूरत[6] हराम होती है

तोड़ता है उसी को वो गुलची[7]
जो कली दिल की ख़ाम[8] होती है

दिल ही दिल में तेरे रक़ीबों से
गुफ़्तगू ला-कलाम[9] होती है

सुब्ह होने तो दो, चले जाना
शब की नीयत हराम होती है

हर्फ़े मतलब[10] कहा नहीं जाता
बात उनसे मदाम[11] होती है

ये सुना है कि बिरहमन से भी
शैख़ की राम-राम होती है

1. लाल रंग की 2. छोड़ना 3. चलने का ढंग 4. सुन्दर चेहरा 5. आदत 6. अच्छी सूरत वाला 7. माली 8. कच्ची 9. बन्द होना 10. अभिप्राय 11. प्रायः।

34

जिसने हमारे दिल को नमूना दिखा दिया
उस आईने को ख़ाक में उसने मिला दिया

इनकारे-मैकशी[1] ने मुझे क्या मज़ा दिया
सीने पे चढ़ के उसने खुमे-मै[2] पिला दिया

दुनिया में इक यही है ज़ियारत गहे[3] जुनूँ[4]
ख़ाना ख़राबियों ने मेरा घर बना दिया

ताहश्र[5] मुनकिरैन[6] क़यामत न माँगते
तुझको बना के इसका नमूना दिखा दिया

सर्फ़ें बिना[7] बुतक़दा[8] ए शैख़[9] कुछ न पूछ
अक्सर इक ईंट के लिए मस्जिद को ढा दिया

वो नाज़ से ज़मीन पर रखते न थे क़दम
तारीफ़ करके और भी हमने उड़ा दिया

काम आ गया हुजूम रक़ीबों का बज़्म में
उस फ़ित्नागर[10] की आँख से मुझको छिपा दिया

समझेंगे ख़ूब उस बुते नाआश्ना[11] से 'दाग़'
गर एक बार और ख़ुदा ने मिला दिया

---

1. मदिरापान 2. मदिरापात्र 3. दर्शनस्थल 4. पागलपन 5. प्रलय तक 6. मूल्य 7. नींव 8. मन्दिर 9. उपदेशक 10. अपरिचित 11. मित्र।

35

जो पुर्ज़े हों न सहरा में, जो टुकड़े हों न गुलशन में
गिरेबाँ में गिरेबाँ है, न वो दामन है दामन में

क़यामत की तजल्ली है, तुम्हारे रूपे रौशन में
मुझे डर है कि देखो आग लग जाये न चिलमन में

तुम्हारे वास्ते मैं ग़ैर को तनहा न छोड़ूँगा
समझ लेना कि दो मुर्दे गड़ेंगे एक मदफ़न[1] में

किसी के ख़ौफ़[2] से जी खोलकर रोया नहीं जाता
कि जो आँसू टपकता है, छिपा लेता हूँ दामन में

गिरे कोसों अलग ख़ौफ़ ओ ख़तर से काँपकर बिजली
अगर तुख़्मे मुहब्बत[3] एक भी हो सारे ख़िरमन[4] में

कभी हम वहशियों के घर की आबादी नहीं जाती
अगर कोई न हो, तो ख़ानावीरानी है मसकन[5] में

नये गुल फूलते हैं, क्या निराले रंग खिलते हैं
बहारें जो तेरी महफ़िल में हैं, वो कब हैं गुलशन में

ग़ज़ब हैं 'दाग़' ये दिन-रात, ये बरसात यूँ गुज़रे
कहाँ वो रश्के गुल झूला झुलाये जिसको सावन में

1. क़ब्र 2. भय 3. प्रेम का बीज 4. खलिहान 5. आवास।

36

जो मैफ़रोश[1] से सौदा बने, तो कर लेना
कमी हो हज़रते ज़ाहिद, वो हमसे भर[2] लेना

बिगड़ के जायें वो, नादान[3] बन के आये हम
कि है बजा[4] उन्हें दुश्मन को दोस्त कर लेना

शिकारे-तीरे नज़र दिल हुआ, जिगर न हुआ
ये बच रहा है, ज़रा इसकी भी ख़बर लेना

अबस[5] निबाह[6] के वादे से तुम तो डरते हो
ये कौन बात है, इक दिन निबाह कर लेना

शबीह[7] लायेंगे यूसफु[8] की अह्ले मि[9] यहाँ
बड़ा मुकाबला है, तुम भी बन संवर लेना

ग़रज़[10] तुम्हें, जो सुनो उनसे ग़ैर का शिकवा[11]
ये क़िस्सा मोल न ऐ 'दाग़' अपने सर लेना

1. मदिरा बेचने वाला 2. पूरा करना 3. नासमझ 4. उचित 5. बेकार 6. पूरा करना 7. चित्र 8. मिस्त्र देश का एक सुन्दर राजा 9. मिस्त्र देश का रहने वाला 10. मतलब 11. शिकायत।

37

तड़पते हैं उन्हें ग़ैरों की चाहत ऐसी होती है
ख़ुदा की शान है, ऐसों की हालत ऐसी होती है

जब आँखों में लगाता हूँ, तो चुपके-चुपके हँस-हँसकर
तेरी तस्वीर भी कहती है, सूरत ऐसी होती है

किया नज़्ज़ारा[1] बज़्में ग़ैर[2] में, उस हूरे तलअत[3] का
ये क्या मालूम था, दोज़ख़[4] में जन्नत ऐसी होती है

अभी तो खेल समझे हो, मगर इक दिन दिखा देंगे
क़यामत इसको कहते हैं, क़यामत ऐसी होती है

हमारी शक्ल तेरे ग़म में पहचानी नहीं जाती
बिगड़ जाती है सूरत भी मुसीबत ऐसी होती है

ग़ज़ब में जान है, बरसों के शिकवे भूल जाता हूँ
कभी दो-चार दिन उनकी इनायत[5] ऐसी होती है

ज़रा-सी बात पर ऐ 'दाग़' तुम उनसे बिगड़ बैठे
इसी का नाम उल्फ़त है, मुहब्बत ऐसी होती है

1 दृश्य का दर्शन 2. परायों की सभा 3. परी के समान सुन्दर 4. नरक 5. कृपा।

38

तमाम रात वो जागे, वो सोये सारे दिन
ख़बर ही क्या उन्हें, क्योंकर कटे हमारे दिन

ख़ुदा बचाये, क़यामत के हैं तुम्हारे दिन
ये प्यारी-प्यारी जवानी, ये प्यारे-प्यारे दिन

मुझे गुज़रती है इक-इक घड़ी क़यामत की
जो इस तरह से गुज़ारे, तो क्या गुज़ारे दिन

किसी के जाते हुए, घर में हुई वो तारीकी[1]
चिराग़ मैंने जलाये हैं आज सारे दिन

मेरे जिगर पे हैं, दाग़े फ़िराक़[2], रोज़े फ़िराक़[3]
दिखा रहा है चमकते हुए सितारे दिन

शबे फ़िराक़[4] हो क्योंकर नसीब रोज़े फ़िराक़
कि ज़ुल्फ़ें लैला की शब किस तरह संवारे दिन

लड़े जो ग़ैर की इशरत[5] से अपने लैलो निहार[6]
तो रात-रात से हो मात, दिन से हारे दिन

उन्होंने वादा किया आज शब को आने का
ख़ुशी तो जब है, ख़ुदा ख़ैर से गुज़ारे दिन

1. अन्धकार 2. वियोग के चिह्न 3. विरह के दिन 4. विरह की रात 5. ख़ुशी 6. दिन-रात।

39

हमारी तरफ़ अब वो कम देखते हैं
वो नज़रें नहीं, जिनको हम देखते हैं

हमें चश्मे बीना[1] दिखाती है सब कुछ
वो अन्धे हैं, जो जामे जम देखते हैं

न ईमाँ ए ख़्वाहिश[2] न इज़्हारे मतलब
मेरे मुँह को अह्ले करम देखते हैं

ग़नीमत है चश्मे तग़ाफ़ुल[3] भी उनकी
बहुत देखते हैं, जो कम देखते हैं

उन्हें क्यों न हो दिलरुबाई[4] से नफ़रत
कि हर दिल में वो ग़म अलम[5] देखते हैं

जवाबे ख़ते शौक़ लिखना है मुश्किल
वो घड़ियों शिगाफ़े क़लम[6] देखते हैं

1. देखने वाले नेत्र 2. इच्छापूर्ति 3. लापरवाह नेत्र 4. प्रेम करना 5. दुःख दर्द 6. क़लम की दरार।

तुमको चाहा, तो ख़ता क्या है, बता दो मुझको
दूसरा कोई तो अपना-सा दिखा दो मुझको

कौन होता है कड़ी बात को सहने वाला
गालियाँ तुमको सिखा दीं, ये दुआ दो मुझको

बाग़े फ़िरदौस[1] में भी बूए वतन[2] याद रहे
इत्र मिट्टी का दमे मर्ग[3] सुँघा दो मुझको

ग़ैर को दस्ते हिनाई[4] न दिखाओ, देखो
गर लगानी है यूँ ही आग, लगा दो मुझको

दिल में सौ शिकवा ए ग़म[5] पूछने वाला ऐसा
क्या कहूँ हश्र[6] के दिन, यह तो बता दो मुझको

मुझको मिलता ही नहीं मेह्र ओ मुहब्बत का निशां
तुमने देखा हो किसी में, तो बता दो मुझको

बे मुरव्वत[7] दिले बेताब से हो जाता है
शेवा ए ख़ास[8] अपना ही सिखा दो मुझको

तुम भी राज़ी हो, तुम्हारी भी ख़ुशी है कि नहीं
जीते जी 'दाग़' ये कहता है, मिटा दो मुझको

1. स्वर्ग 2. स्वदेश की सुगन्ध 3. मरते समय 4. मेहँदी रचे हाथ 5. शिकायत 6. परिणाम 7. बिना झिझक के 8. विशेष ढंग।

41

तुमने बदले हमसे गिन-गिन के लिये
हमने क्या चाहा था इस दिन के लिए

कुछ निराला है जवानी का बनाव
शोख़ियाँ[1] ज़ेवर[2] हैं इस सिन[3] के लिए

दिल के लेने को ज़मानत[4] चाहिए
और इत्मीनान ज़ामिन[5] के लिए

वो नहीं सुनते हमारी, क्या करें
माँगते हैं हम दुआ जिनके लिए

आजकल में 'दाग़' होंगे कामयाब
क्यों मरे जाते हो दो दिन के लिए

1 हाव-भाव 2 आभूषण 3. आयु 4. उत्तरदायित्व 5. उत्तरदायी।

42

वो क़त्ल करके मुझे हर किसी से पूछते हैं
ये काम किसने किया है, ये काम किसका था

वफ़ा करेंगे, निबाहेंगे, बात मानेंगे
तुम्हें भी याद है कुछ, ये कलाम किसका था

रहा न दिल में वो बेदर्द और दर्द रहा
मुक़ीम कौन हुआ है, मुक़ाम किसका था

इन्हीं सिफ़ात[1] से होता है आदमी मशहूर
जो लुत्फ़[2] आप वो करते, तो नाम किसका था

हर इक से कहते हैं क्या 'दाग़' बेवफ़ा निकला
ये पूछे इनसे कोई, वो गुलाम किसका था

1. गुणों 2. आनन्द।

43

तूर[1] के पहलू में इक बुतख़ाना ऐसा चाहिए
शोर उट्ठे जल्व ए जाना ऐसा चाहिए

दिलरुबा कहलाये दिलाज़ार[2] ऐसा चाहिए
आश्ना[3] कहिये जिसे बेगाना ऐसा चाहिए

एक क़तरा[4] भी न ऐ साक़ी मिले कमजर्फ़[5] को
इन्तिज़ामे बादा ओ पैमाना ऐसा चाहिए

तीर तेरा दिल में रह-रहकर खिंचा किस-किस तरह
जो करे मिलकर दग़ा बेगाना ऐसा चाहिए

देखकर चाहत मेरी कहते हैं सब अह्ले नज़र[6]
गुल को बुलबुल शम्आ को परवाना ऐसा चाहिए

जब्र[7] पर हो सब्र उल्फ़त में जफ़ा पर हो वफ़ा
तुझको तो ऐ हिम्मते मर्दाना ऐसा चाहिए

हिज्र में उस शम्मा रू[8] का दिल जला फर्क़त[9] में भी
जो अंधेरे में जले परवाना ऐसा चाहिए

ख़ूब जी भरकर सुना पहले तो क़िस्सा 'दाग़' का
फिर कहा दिल थामकर अफ़्साना ऐसा चाहिए

1. प्रिय की ज्योति 2. कष्ट देने वाला 3. मित्र 4. बूँद 5. ओछा 6. देखने वाले 7. अत्याचार 8. दीपक-जैसे मुख वाली 9. वियोग।

44

तू ही अपने हाथ से जब दिलरुबा[1] जाता रहा
दिल की भी परवा नहीं, जाता रहा, जाता रहा

मर्गे दुश्मन[2] का ज़ियादा तुमसे है मुझको ख़याल
दुश्मनी का लुत्फ़, शिकवों[3] का मज़ा जाता रहा

अच्छी सूरत भी किया करती थी अक्सर ताक-झाँक
रह गयीं आँखें, मगर वो देखना जाता रहा

हिर्स[4] दामनगीर[5] दुनिया माले दुनिया बेसबात[6]
जिस क़दर हासिल किया, उससे सिवा जाता रहा

'दाग़' कुछ दरहम न था, जिसका उन्हें होता ख़याल
हो गया, गुम हो गया, जाता रहा, जाता रहा

1. दिल को अच्छा लगने वाला 2. शत्रु की मौत 3. शिकायत 4. लालच 5. लिपटी हुई 6. नश्वर।

45

तेरी महफ़िल में ये कसरत[1] कभी थी
हमारे रंग की सोहबत कभी थी

इस आज़ादी में भी वहशत[2] कभी थी
मुझे अपने से भी नफ़रत कभी थी

हमारा दिल हमारा दिल कभी था
तेरी सूरत तेरी सूरत कभी थी

हुआ इंसान की आँखों से साबित
अयाँ[3] नूर में ज़ुल्मत[4] कभी थी

उसी हसरत में दिल अब मुब्तिला[5] है
कि जिस उम्मीद में हसरत कभी थी

दिले वीराँ में बाक़ी हैं ये आसार
यहाँ ग़म था, यहाँ हसरत कभी थी

तुम इतराये कि बस, मरने लगा 'दाग़'
बनावट थी, जो वो हालत कभी थी

1. भीड़ 2. जंगलीपन 3. प्रकट 4. अँधेरा 5. व्यस्त।

46

दर्द बनकर दिल में आना कोई तुमसे सीख जाये
जाने आशिक़ हो के जाना कोई तुमसे सीख जाये

हर सुख़न[1] पे रूठ जाना कोई तुमसे सीख जाये
रूठकर फिर मुस्कुराना कोई तुमसे सीख जाये

वस्ल की शब चश्मे ख़्वाब आलूदा[2] को मलते उठे
सोते फ़ित्ने[3] को जगाना कोई तुमसे सीख जाये

कोई सीखे ख़ाकसार[4] की रविश[5] तो हम सिखायें
ख़ाक में दिल को मिलाना कोई तुमसे सीख जाये

आते-जाते यूँ तो देखे हैं हज़ारों ख़ुशख़राम[6]
दिल में आकर दिल से जाना कोई तुमसे सीख जाये

देखकर आईना इतराये कि हम भी कोई हैं
अपनी नज़रों समाना कोई तुमसे सीख जाये

इक निगाहें लुत्फ़ पर लाखों दुआएँ मिल गयीं
उम्र को अपनी बढ़ाना कोई तुमसे सीख जाये

जान से मारा उसे, तनहा जहाँ पाया जिसे
बेकसी में काम आना कोई तुमसे सीख जाय

---

1. बात 2. नींद में मदमाती 3. दबे हुए झगड़े 4. नम्रता 5. ढंग 6. मस्तानी चाल चलते हुए।

47

दर्दे दिल का कोई पहलू जो निकालूँ, तो कहूँ
अपने रूठे हुए दिलबर को मना लूँ, तो कहूँ

ज़हर से कम नहीं अह्बाब[1] के ताने मुझको
जो है दिल में, उन्हें दीवान बना लूँ, तो कहूँ

जो मेरे दिल में है, कहते हुए डर लगता है
गुदगुदा लूँ, तो कहूँ, पाँव दबा लूँ, तो कहूँ

यक-ब-यक[2] हाल मेरा सुन के उखड़ जायेंगे
हमनशीं[3] मैं उन्हें बातों में लगा लूँ, तो कहूँ

मैं हूँ बेहाल, वो बदमस्त, फ़साना[4] है दराज़[5]
दिल को थामूँ, तो कहूँ, उनको सँभालूँ, तो कहूँ

रात-भर हिज्र[6] में जागा हूँ, मैं ऐ दावरे हश्र[7]
हाले दिल कोई घड़ी आँख लगा लूँ, तो कहूँ

हाले ग़म के लिए उसकी भी शहादत[8] है ज़रूर
डेढ़ अक्षर दिले मुज़्तर[9] को पढ़ा लूँ, तो कहूँ

जो गुज़रती है मेरे दम पे, न पूछो मुझसे
गालियाँ इश्क़े मुहब्बत को सुना लूँ, तो कहूँ

1. मित्रगण 2. अचानक 3. प्रियवर 4. कहानी 5. लम्बी 6. विरह 7. ईश्वर 8. गवाही 9. बेचैन हृदय।

दिल गया, तुमने लिया, हम क्या करें
जाने वाली चीज़ का ग़म क्या करें

एक साग़र पर है अपनी ज़िन्दगी
रफ़्ता-रफ़्ता[1] इससे भी कम क्या करें

कर चुके सब अपनी-अपनी हिकमतें[2]
दम निकलता है, ऐ हमदम क्या करें

दिल ने सीखा शेवा ए बेगानगी[3]
ऐसे नामहरम[4] को महरम[5] क्या करें

मामला है आज हुस्नो इश्क़ का
देखिये वो क्या करें, हम क्या करें

तुन्द-ख़ू[6] है, कब सुने वो दिल की बात
और भी बरहम[7] को बरहम क्या करें

आईना है और वो हैं, देखिये
फ़ैसला दोनों ये बाहम[8] क्या करें

कह रहे अह्ले सिफ़ारिश मुझसे 'दाग़'
तेरी क़िस्मत है बुरी, हम क्या करें

1. धीरे-धीरे 2. चिकित्सकीय उपाय 3. अपरिचित-जैसा व्यवहार 4. अज्ञानी 5. ज्ञानी 6. चिड़चिड़ा 7. क्रोधित 8. परस्पर।

☙ 49 ❧

दिल जो नाकाम हुआ जाता है
शौक़ का काम हुआ जाता है

न मिटाओ किसी आशिक़ का निशाँ
नाम बदनाम हुआ जाता है

लुत्फ़े ईज़ा तलबी[1] क्या कहिये
दर्द आराम हुआ जाता है

रंग लायेगा तेरा रंगे अताब[2]
चेहरा गुलफ़ाम[3] हुआ जाता है

आजकल कसरते अश्शाक़[4] से इश्क़
शेवा ए आम[5] हुआ जाता है

देखकर मस्त वो काफ़िर आँखें
ख़ूने इस्लाम हुआ जाता है

'दाग़' के पास जो आओ, तो अभी
दूर इल्ज़ाम हुआ जाता है

1. कष्ट पाने का स्वाद 2. क्रोध 3. सुन्दर 4. प्रेमीगण 5. साधारण बात।

50

दिल दो तरह का तेरी मुहब्बत में चाहिए
राहत में एक, एक मुसीबत में चाहिए

इक इज़्तिराबे शौक़[1] तबीअत में चाहिए
जो कुछ न चाहिए, वो मुहब्बत में चाहिए

कुछ लाग[2] कुछ लगाव तबीअत में चाहिए
दोनों तरह का रंग मुहब्बत में चाहिए

बुतगर[3] से इल्तिजा[4] है कि दे दे बना के वो
पत्थर का दिल, किसी की मुहब्बत में चाहिए

सुब्हे शबे फ़िराक़[5] न हो जाये शमा गुल
कोई शरीके हाल मुसीबत में चाहिए

कुछ तो पड़े दबाव दिले बेक़रार पर
पारा हुआ यारा मेरी तुर्बत[6] में चाहिए

जो दिन हैं ज़िन्दगी में, वो गुज़रें हँसी-ख़ुशी
बाहम[7] सलूक मेह्र ओ मुहब्बत में चाहिए

ये क्या कि दोनों सूरते तस्वीर बन गये
थोड़ी-सी छेड़छाड़ भी सोहबत[8] में चाहिए

---

1. उत्सुकता की व्यग्रता 2. हठधर्मिता 3. मूर्तिकार 4. प्रार्थना 5. विरह की रात 6. क़ब्र 7. परस्पर 8. साथ।

51

दिल में क्या मेह्रबाँ नहीं आती
बात कहने में हाँ नहीं आती

बढ़ गया तुझसे वो सितम ईजाद[1]
शर्म ऐ आसमाँ नहीं आती

किस तरह क़ौल[2] के हों वो सच्चे
मेरे मुँह में ज़बाँ नहीं आती

है तबीअत में अपनी हरजाई[3]
किस जगह, यह कहाँ नहीं आती

जल के दिल ख़ाक हो गया शायद
बूए सोज़े निहाँ[4] नहीं आती

गो बला है मुफ़ारक़त[5] तेरी
नहीं आती, जहाँ नहीं आती

बेख़ुदी में कहा था उसने हाल
याद वो दास्ताँ नहीं आती

है नज़ाकत भरी ख़बर उनकी
कि वहाँ से यहाँ नहीं आती

---

1. अत्याचारी 2. वादा 3. बेवफ़ा 4. जलन की छिनी हुई गन्ध 5. वियोग।

52

दिल में फ़रहत[1] जो कभी आती है
अपने रोने पे हँसी आती है

क्यों सबा[2] को न बताऊँ क़ासिद[3]
अभी जाती है, अभी आती है

क्या है गिनती मेरे अरमानों की
फ़ौज की फ़ौज चली आती है

ये सबब क्या है, जिधर जाता हूँ
सामने तेरी गली आती है

शाख़े उम्मीद[4] जो होती है हरी
साथ पत्तों के कली आती है

क्या अदम[5] से हमें आने की ख़ुशी
मौत भी साथ लगी आती है

तुझको ऐ गुंच गुल इसकी तरह
खिल-खिलाकर भी हँसी आती है

मुजरिमे इश्क़ हुए तुम ऐ 'दाग़'
अब वहाँ से तलबी[6] आती है

1. ख़ुशी 2 प्रातःकाल की हवा 3. सन्देशवाहक 4. आशाओं की डाली 5. परलोक 6. बुलावा।

53

दिले नाकाम के हैं काम ख़राब
कर लिया आशिक़ों में नाम ख़राब

ज़ुल्फ़ है चोर चश्मे यार[1] शरीर[2]
हुस्न का सब है इन्तिज़ाम ख़राब

देखकर जिन्से दिल[3] वो कहते हैं
क्यों करे कोई अपने दाम ख़राब

अब्रे तर[4] से सबा ही अच्छी थी
मेरी मिट्टी हुई तमाम ख़राब

क्या मिला हमको ज़िन्दगी के सिवा
वो भी दुश्वार नातमाम[5] ख़राब

चाल की रहनुमा ए इश्क़ ने भी
वो दिखाया, जो था मुक़ाम ख़राब

'दाग़' है बदचलन, तौ होने दे
सौ में होता है इक गुलाम ख़राब

---

1. प्रिय की दृष्टि नटखट 2. हृदय की वस्तु न भीगी बदली 5. अधूरा।

54

देखें तो कैसे फ़ित्ने हैं नीची निगाह में
आईना रख दे काश कोई उनकी राह में

उम्मीदवार रहमते बारी[1] हूँ इस क़दर
होता हूँ मैं शरीक पराये गुनाह में

किस फ़ित्नागर[2] की चाल ने बेताब कर दिया
नक़्शे क़दम भी दौड़ते फिरते हैं राह में

होती है देखने के लिए आँख में निगाह
देखो तुम्हारी आँख है मेरी निगाह में

महशर[3] में किस तरफ़ से ये आने लगी सदा
आना हो जिसको आये, हमारी पनाह में

दिल भी कहीं जमे, तो हमारा क़दम जमे
इक पाँव बुतकदा[4] में, तो इक ख़ानकाह[5] में

हंगामे शिकवे ख़ौफ़ बिठाने में फ़ायदा
तुम ख़ुद ही बैठ जाओ दिले दादख़्वाह[6] में

क्यों 'दाग़' देहलवी की ज़बाँ मुस्तनदे[7] न हो
पैदा किया ख़ुदा ने उसे तख़्तगाह[8] में

---

1. प्रभु-कृपा 2. उपद्रवी 3. प्रलय के दिन 4. मन्दिर 5. मस्जिद 6. न्याय चाहने वाला 7. प्रमाणित 8. राजधानी।

ॐ 55 ॐ

न जाओ, हाले दिलेज़ार[1] देखते जाओ
कि जी न चाहे तो नाचार[2] देखते जाओ

बहारे उम्र में बाग़े जहाँ की सैर करो
खिला हुआ है ये गुलज़ार देखते जाओ

उठाओ आँख, न शरमाओ, ये तो महफ़िल है
ग़ज़ब[3] से जानिबे अग़्यार[4] देखते जाओ

हुआ है क्या, अभी हंगामा और कुछ होगा
फ़ुग़ाँ[5] में हश्र के आसार देखते जाओ

तुम्हारी आँख मेरे दिल से बेसबब, बेवजह
हुई है लड़ने को तैयार देखते जाओ

न जाओ बन्द किये आँख रहवाने क़दम[6]
इधर-उधर भी ख़बरदार देखते जाओ

कोई-न-कोई हर इक शे'र में है बात ज़रूर
जनाबे 'दाग़' के अश्आर देखते जाओ

---

1. दुखी हृदय 2. बिना इच्छा के 3. क्रोध 4. रोना-चिल्लाना 5. दूसरे लोग 6. परलोक के यात्री।

56

नज़ाकत मान-ए ज़ोर आज़्माई[1] होती जाती है
कि शाख़े गुल-सी जब उनकी क़लाई होती जाती है

फँसाकर ज़ुल्फ़ में दिल उम्र-भर उनकी बला रक्खे
असीरी[2] होती जाती है, रिहाई होती जाती है

मुबारकबाद अब सैयाद[3] को मुज़्दा[4] असीरी का
बहत मशहूर मेरी ख़ुशनवाई[5] होती जाती है

बढ़ाया शौक़ ने आगे, हटाया ख़ौफ़ ने पीछे
रसाई[6] में भी उस तक नारसाई होती जाती है

निकल जायेंगे बल, मिलना न छोड़ो रस्तबाज़ों[7] से
बहुत सीधी तुम्हारी कजअदाई[8] होती जाती है

हमें भी सब्र आये, साफ़ कह दो, हम नहीं डरते
अलग हर चीज़ क्यों हमसे पराई होती जाती है

मुख़ातिब[9] हो किसी से बज़्म में वो चोट है मुझ पर
मेरे ही सामने मेरी बुराई होती जाती है

वो चश्मे फ़ित्ना जा[10] से देखकर आईना कहते हैं
बहुत से शोख़ तुझमें बेवफ़ाई होती जाती है

1. शक्ति प्रदर्शन करना 2. क़ैद 3. माली 4. प्रसन्नतादायक समाचार 5. गायन 6. पहुँच 7. सच्चे लोग 8. टेढ़ी चाल 9. प्रत्यक्ष रूप मिलना 10. झगड़ालू नेत्र।

57

नब्ज़े बीमार कभी और कभी दिल देखा
फिर किया क़त्ल नया, आपको क़ातिल देखा

मौत भी छू न सकी मुझको रहे उल्फ़त[1] में
मैंने फिर-फिर के अजल[2] को नयी मंज़िल देखा

नाख़ुदा[3] से कहो बहने दे हमारी कश्ती
हमने गिरदाब[4] जो देखा, लबे साहिल[5] देखा

क्या समझते नहीं ज़ाहिर की मुलाक़ात को हम
दिल तुम्हारा न मिला, हमने गले मिल देखा

क्या दिलावर[6] है कोई उसका कलेजा देखा
जिसने बेताब मुहब्बत में मेरा दिल देखा

गालियाँ देते हो, फिर कहते हो तुम ये मुझसे
हमने तुझको इसी लायक़, इसी क़ाबिल देखा

इश्क़ की चोट को दिल है, सरो गरदन तो नहीं
जिसने तलवार न खायी, उसे बिस्मिल[7] देखा

मंज़िले इश्क़ है सुनसान मुक़ाम ऐ मजनूँ
नाक़ाँ[8] देखा है यहाँ, कोई न महमिल[9] देखा

1. प्रेमपथ 2. मृत्यु 3. मल्लाह 4. भंवर 5. किनारे पर 6. साहसी 7. घायल 8. हौदा 9. पालकी।

58

निकल जाये, ये हसरत[1] वो नहीं है
बदल जाये ये क़िस्मत वो नहीं है

वही तुम हो, तबीअत वो नहीं है
वही सूरत है, सीरत[2] वो नहीं है

तेरा दिल क्या, तेरे घर में भी मुझको
ठहरने दे, ये वहशत वो नहीं है

यहाँ क़ैदी हैं, थे दुनिया में आज़ाद
हमें जन्नत में राहत वो नहीं है

जो तुम समझे हो दिल में चारासाज़ो[3]
इलाजे दर्द ओ फुर्क़त[4] वो नहीं है

गयी महफ़िल की रौनक़ 'दाग़' के साथ
वही दम था ग़नीमत, वो नहीं है

1. इच्छा 2. आदत 3. चिकित्सक 4. कष्ट।

59

नहीं सुनते वो अब हमारी बात
सच है, बन आये की है सारी बात

दो-दो बातें हुई थीं वाइज़[1] से
रख ली अल्लाह ने हमारी बात

ख़ैर से उसने ही न पूछा हाल
करने देती न बेक़रारी[2] बात

खेल है इम्तिहाँ[3] तेरे आगे
मेरे आगे है जाँ-निसारी[4] बात

हश्र[5] में कुछ-न-कुछ निकालेगी
मेरी शर्मे गुनाहगारी[6] बात

ख़ामुशी में अदा[7] करें मतलब
ये तो है उनकी इख़्तियारी[8] बात

1. संयमी 2. बेचैनी 3. परीक्षा 4. जान देने वाला 5. प्रलय 6. दूषित चरित्र 7. पूरा करना 8. मन की बात।

परदे-परदे में अताब[1] अच्छे नहीं
ऐसे अन्दाज़े हिजाब[2] अच्छे नहीं

मैकदे[3] में हो गये चुपचाप क्यों
आज कुछ मस्ते शराब[4] अच्छे नहीं

ऐ फ़लक[5] क्या है ज़माने की बिसात[6]
दम बदम[7] के इन्क़लाब अच्छे नहीं

तू भी उसकी ज़ुल्फ़े पेचा[8] हो गया
ऐ दिल ऐसे पेच ओ ताब[9] अच्छे नहीं

बज़्मे वाइज़[10] से कोई कहता गया
ऐसे जलसे बे शराब अच्छे नहीं

तौबा कर लें हम मै ओ माशूक़ से
बे मज़ा हैं ये सवाब अच्छे नहीं

इक नजूमी[11] 'दाग़' से कहता था आज
आपके दिन ऐ जनाब अच्छे नहीं

---

1. छुप-छुपकर 2. अत्याचार 3. शरमाने का ढंग 4. मदिरालय 5. शराबी 6. आकाश 7. अस्तित्व 8. क्षण-प्रतिक्षण 9. घुँघराले बाल 10. धर्मोपदेशक 11. ज्योतिषी।

ঞ 61 ঌ

फिरें राह से वो यहाँ आते-आते
अजल[1] मर गयी है कहाँ आते-आते

मुझे प्यार करने का ये मुद्दआ[2] था
निकल जाये दम हिचकियाँ आते-आते

न जाना कि दुनिया से जाता है कोई
बहुत देर की मेह्रबाँ[3] आते-आते

कलेजा मेरे मुँह को आयेगा इक दिन
यूँ ही लब पे आहो-फ़ुग़ाँ[4] आते-आते

सुनाने के क़ाबिल थी जो बात उनकी
वही रह गयी दरमियाँ[5] आते-आते

मेरे आशियाँ[6] के तो थे चार तिनके
चमनें[7] उड़ गया आँधियां आते-आते

बना है हमेशा ये दिल बाग़ सहरा[8]
बहार आते-आते, ख़िज़ाँ[9] आते-आते

नहीं खेल ऐ 'दाग़' यारों से कह दो
कि आती है उर्दू ज़ुबाँ आते-आते

---

1. मृत्यु 2. अभिप्राय 3. कृपालु 4. रोना-चिल्लाना 5. बीच में 6. भरोसा 7. उपवन 8. जंगल 9. पतझड़।

62

फ़ुग़ाँ[1] को लाग[2] ठहरी आसमाँ से
उठा जाता है परदा दरमियाँ[3] से

तेरी रंजिश खुली तर्ज़े बयाँ[4] से
न थी दिल में, तो क्यों निकली ज़बाँ से

मेरे तिनकों में क्या है ख़ारे हस्रत[5]
अलग करती है बिजली आशियाँ से

लगा रहता है खटका दानो जानिब
मज़ा है दोस्ती का बदगुमाँ से

न कहिये, दोस्त दुश्मन को न कहिये
पराये अपने होते हैं ज़बाँ से

शिकायत राहे उल्फ़त की सुने कौन
अलग चलता कौन हूँ बचकर कारवाँ से

शबे ग़म[6] हर बला का मुन्तिज़र[7] हूँ
निगाहें लड़ रही है आसमाँ से

ख़ुशी क्या ज़िन्दगी की ख़िज्र तक, जब
मरे जाते हैं उम्रे जाविदाँ[8] से

1. रोना 2. शत्रुता 3. बीच से 4 बोलने का ढंग 5. इच्छाओं का काँटा 6. दुःख की रात 7. प्रतीक्षारत 8. चिरस्थायी।

बरसों रहा हूँ मैं किसी नाज़ुक बदन के पास
क्या जी लगे निहाले गुलो यासमन[1] के पास

कामिल को इश्क़े पाक[2], तो पर्वेज़-सा[3] रक़ीब
शीरीं को लाये शौक़ से ख़ुद कोहकन के पास

वो नाज़ुकी से मुझ पे न अफ़सोस कर सके
अंगुश्ते[4] हैफ़[5] रह गयी आकर दहन[6] के पास

ऐ बेकसी रहेगी न बेपरदा अपनी लाश
मय्यत ख़ुद उड़ जायेगी गोर ओ कफ़न के पास

वीराँ पड़ा है दिल, जो कलेजा है दाग़दार
जंगल लगा हुआ है हमारे चमन के पास

ग़ुर्बत से हम फिरें तो कहीं फिर पलट न जाये
अहबाब[7] कुछ निशान बना दे वतन के पास

1. फूलों लदी हुई डाली 2. पवित्र प्रेम 3. मजनूँ 4. अंगुलि 5. दुःख 6. छिद्र 7. मित्र।

64

बला से वो दुश्मन हुआ है किसी का
वो काफ़िर[1] सनम क्या ख़ुदा है किसी का

किसी की तपिश[2] में ख़ुशी है किसी की
किसी की ख़लिश[3] में मज़ा है किसी का

ज़रा डाल दो अपनी ज़ुल्फ़ों का साया
मुक़द्दर बहुत नारसा[4] है किसी का

मेरी बज़्म में आ के वो पूछते हैं
बुरा हाल हमने सुना है किसी का

बचे जान किस तरह तेरी अदा से
क़ज़ा[5] पर कहीं बस चला है किसी का

मेरी इल्तिजा[6] पर बिगड़कर वो बोले
नहीं मानते, इसमें क्या है किसी का

सुना करते हैं छेड़कर गालियाँ हम
वगरना कोई सिरफिरा[7] है किसी का

बज़ाहिर[8] न जाने, न जाने, न जाने
तुझे 'दाग़' दिल जानता है किसी का

1. प्रेमपात्र 2. जलन 3. कष्ट 4. न पहुँचने वाला 5. मृत्यु 6. प्रार्थना 7. पागल 8. प्रत्यक्षतः।

65

बुताने[1] मेहरवश[2] उजड़ी हुई मंज़िल में रहते हैं
कि जिसकी जान जाती है, उसी के दिल में रहते हैं

मुहब्बत में मज़ा है छेड़ का, लेकिन मज़े की हो
हज़ारों लुत्फ़ हर इक शिकवा ए क़ातिल में रहते हैं

हज़ारों हसरतें वो हैं कि रोके से नहीं रुकतीं
बहुत अरमान ऐसे हैं कि दिल के दिल में रहते हैं

मुहीते इश्क़[3] की हर मौज तूफ़ाँख़ेज़ ऐसी है
वो हैं गिरदाब[4] में, जो दामने साहिल[5] में रहते हैं

ख़ुदा रक्खे, मुहब्बत में किये आबाद दोनों घर
मैं उनके दिल में रहता हूँ, वो मेरे दिल में रहते हैं

जो होती ख़ूबसूरत, तो न छिपती क़ैस से लैला
मगर ऐसे ही वैसे परदए महमिल में रहते हैं

सुराग़े मेह्रो उल्फ़त[6] ग़ैर के दिल में न पायेंगे
अबस[7] वो रात-दिन सई ए बेहासिल[8] में रहते हैं

बुतों को मेह्र में[9] असरार[10] तूने क्यों किया यारब
कि ये काफ़िर हरइक ख़िल्वत सराये दिल[11] में रहते हैं

1. प्रेमिकाएँ 2. चन्द्रमुखी 3. प्रेम का घेरा 4. भँवर 5. किनार 6. प्रेम-प्रसंग 7. व्यर्थ 8. निष्फल प्रयास 9. जानकार 10 भेद 11. दिल का मकान।

66

मिटे दाग़े दिल आर्ज़ू रह गयी
चमन उड़ गया और तू रह गयी

कहाँ दिल में अब आर्ज़ू रह गयी
वो मुद्दत से बनकर लहू रह गयी

बहुत ऐ शबे ग़म बलायें टलीं
ख़ुदा जाने किस तरह तू रह गयी

चले हम तेरी बज़्म से तिश्नाकाम[1]
तमन्न-ए जाम ओ सुबू[2] रह गयी

बहुत चल बसे यार ऐ ज़िन्दगी
कोई दिन की मेहमान तू रह गयी

कहाँ से कहाँ ले गया हमको शौक़
मगर रह गयी, जुस्तजू[3] रह गयी

गया दिल गया 'दाग़' उस बज़्म में
ग़नीमत हुआ आबरू[4] रह गयी

1. प्यासे 2 मदिरापात्र की इच्छा 3. खोज 4. प्रतिष्ठा।

67

मिली हमको जन्नत क़यामत के बाद
मिले क्या ख़ुदा जाने जन्नत के बाद

मेहरबाँ न हो, हो के मेहरबाँ
अदावत[1] बुरी है मुहब्बत के बाद

हया के, तबस्सुम[2] के, अग़्माज़[3] के
मज़े ले रहा हूँ शिकायत के बाद

अबस[4] उज़्र[5] है अब, अबस लुत्फ़ है
करूँ शुक्र क्योंकर शिकायत के बाद

नहीं इसके ख़ूगर[6] हम ऐ आसमाँ
न दे हमको तकलीफ़ राहत के बाद

वफ़ादार होते हे देरआश्ना
ये अक़्दा[7] खुला एक मुद्दत के बाद

इसी का मज़ा हो, तो क्या कीजिये
कहा मानते हैं वो हुज्जत के बाद

तड़पना न देखा गया 'दाग़' का
हुआ ख़ात्मा किस मुसीबत के बाद

---

1. शत्रुता 2. मुस्कराहट 3. इशारे 4. व्यर्थ 5. बहाना 6. अभ्यस्त 7. गाँठ।

68

मुमकिन नहीं कि तेरी मुहब्बत की बू न हो
काफ़िर अगर हज़ार बरस दिल में तू न हो

क्या लुत्फ़े इन्तिज़ार, जो तू हीला जू[1] न हो
किस काम का विसाल, अगर आरज़ू न हो

ख़िल्वत[2] में तुझको चैन नहीं, किसका ख़ौफ़ है
अन्देशा कुछ न हो, जो नज़र चार-सू[3] न हो

वो आदमी कहाँ है, वो इन्सां है कहाँ
जो दोस्त का हो दोस्त, अदू[4] का अदू न हो

दिल को मसल-मसल के ज़रा हाथ सूंघिये
मुमकिन नहीं कि ख़ूने तमन्ना की बू न हो

ज़ाहिद[5] मज़ा तो जब है अज़ाबे सवाब[6] का
दोज़ख़ में बादाकश न हो, जन्नत में तू न हो

माशूक़े हिज्र इससे ज़ियादा कोई नहीं
क्या दिल्लगी रहे, जो तेरी आरज़ू न हो

है लाग[7] का मज़ा दिले बेमुद्दआ[8] के साथ
तुम क्या करो किसी को, अगर आरज़ू न हो

---

1. बहानेबाज़ 2. एकान्त 3. चारों और 4. शत्रु 5. सदाचारी 6. पाप-पुण्य 7. होड़ 8. नि:स्वार्थ।

69

मेरी उनकी भरी महफ़िल में होगी
ज़बाँ पर आयेगी, जो दिल में होगी

न करते दिल्लगी, क्या जानते थे
हमारी जान इस मुश्किल में होगी

चुरायेगा उसी से आँख क़ातिल
ज़रा-सी जान जिस बिस्मिल[1] में होगी

अदम[2] के जाने वाले सुनते जाओ
ये आराइश[3] न उस मंज़िल में होगी

अगर अक़बा[4] में दुनिया याद आयी
तो मुश्किल और इक मुशिकल में होगी

नहीं शोख़ी से ख़ाली शर्म उसकी
क़यामत पर्द ए हामिल[5] में होगी

वहाँ चुटकी में जब वह तीर लेंगे
यहाँ इक गुदगुदी-सी दिल में होगी

न आयें 'दाग़' तो अच्छा है, वरना
बड़ी हलचल तेरी महफ़िल में होगी

---

1. घायल 2. परलोक 3. आराम 4. परलोक 5. अड़चन डालने वाला परदा।

☙ 70 ❧

मेरी क़िस्मत की तरह रहती है बल खायी हुई
ज़ुल्फ़ पर भी क्या है सख़्ती की गिरह[1] आयी हुई

दोस्त दुश्मन को बनाया है तेरे अन्दाज़ ने
सबको पहचाना, अगर तुझसे शनासायी[2] हुई

ऐ हुजूमे नाउमीदी[3] रख ले शर्मे आरज़ू[4]
गोश ए दिल[5] में अलग बैठी है शरमायी हुई

जानकर पहचानकर अनजान जब कोई बने
फिर न होने के बराबर वह शनासायी हुई

ज़ोफ़[6] ने ऐसा बिठाया उसकी बज़्मे नाज़ में
मैंने ये जाना मुझे हासिल शकेबायी[7] हुई

किस बला में मुब्तिला[8] रहती है दिन-भर शामे ग़म[9]
दौड़कर आती है मेरे घर जो घबरायी हुई

भोली सूरत पर पड़ी तस्वीर में ये बाँकपन[10]
लब पे ज़ाहिर है तबस्सुम[11] दिल में इतरायी हुई

जब मेरे दर से फिरा ख़िल्क़त[12] तमाशायी हुई
पीछे-पीछे 'दाग़' आगे-आगे रुस्वाई हुई

---

1. गाँठ 2. पहचान 3. निराशा की भीड़ 4. इच्छाओं की लाज़ 5. हृदय का कोना 6. कमज़ोरी 7. शर्मिन्दगी 8. व्यस्त 9. दु:ख की शाम 10. चंचलता 11. मुस्कराहट 12. जनता।

मेरे दिल को देखकर, मेरी वक़्ता को देखकर
बन्दापरवर मुंसिफ़ी[1] करना ख़ुदा को देखकर

दिल लगाया था ज़माने की हवा को देखकर
आश्ना को देखकर, नाअश्ना को देखकर

कूच-ए-दुश्मन[2] से ये आती न हो यारब कहीं
जी उड़ा जाता है कुछ बादे सबा को देखकर

बदगुमाँ मेरी तरफ़ से है, वो मुझसे भी सिवा
राह चलते हैं, तो मेरी नक़्शे पा को देखकर

गर्दिशे गर्दूं[3] का बाइस[4] और कुछ खुलता नहीं
भागता फिरता है ये तेरी जफ़ा को देखकर

हज़रते ज़ाहिद[5] हमारी छेड़ की आदत नहीं
गुदगुदी होती है दिल में, पारसा[6] को देखकर

कूच ए जानाँ[7] के बदले कूए दुश्मन में न जाये
ख़ाक होना है हमें, लेकिन हवा को देखकर

ग़ैर ने की बेवफ़ाई, सब की शामत आ गयी
आग हो जाते हैं वो, अह्ले वफ़ा को देखकर

1. न्याय 2. प्रतिद्वन्द्वी का महल्ला 3. आकाश का चक्कर 4. कारण 5. उपदेशक 6. पवित्रात्मा 7. मित्र की गली।

72

मैंने चाहा जो तुम्हें उसका गुनहगार तो हूँ
मगर इतना भी समझ लो कि वफ़ादार तो हूँ

उम्र-भर आपने मुझको कभी अच्छा न कहा
ख़ैर, अच्छा न सही, आपका बीमार तो हूँ

या ख़ुदा पुर्सिशे आमाल[1] को देता हूँ जवाब
बात का होश किसे है, अभी होशियार तो हूँ

मै और माशूक़ से इनकार नहीं ऐ ज़ाहिद
आशिक़े ज़ार[2] तो हूँ, रिन्दे क़दह ख़्वार[3] तो हूँ

गो[4] मेरे पास नहीं मताए[5] ग़ैर[6] ऐ क़ासिद
मैं तमाशाइ ए अन्दाज़े ख़रीदार तो हूँ

अभी क्या जाने कोई मुझको तुम्हारा शैदा[7]
कोई दिन और भी रुस्वा[8] सरे बाज़ार तो हूँ

गो मेरी वज़्आ[9] नहीं ये कि मिलूँ ग़ैर से मैं
ताब ए हुक्मे जफ़ाकारिए सितमगार[10] तो हूँ

क्या गुज़र जाये तुझे रात यूँ ही बेखटके
बज़्म में गुल न सही मैं, न सही ख़ार तो हूँ

---

1. कर्मों की जाँच-पड़ताल 2. दुखी प्रेमी 3. मस्त शराबी 4. हालाँकि 5. छोटी पूँजी 6. सिवा 7. प्रेमी 8. बदनाम 9. ढंग 10. अत्याचारी।

73

मौत उस दिन को, जो तुमसे सितम ईजाद[1] न हो
मैं तो मर जाऊँ, अगर लज़्ज़ते बेदाद[2] न हो

ज़ुल्फ़ वो दाम[3] कि जिस दाम से आज़ाद न हो
आँख वो चोर कि जिस चोर की फ़रियाद न हो

बात का ज़ख़्म है, तलवार के ज़ख़्मों के सिवा
कीजिये क़त्ल, मगर मुँह से कुछ इरशाद[4] न हो

हाय वो दिल, वो कलेजा मैं कहाँ से लाऊँ
वस्ल में शाद[5] न हो, हिज्र में नाशाद[6] न हो

ज़ोर[7] के बाद है अब हर्फ़े तसल्ली[8] कैसा
उससे फ़र्माइये, जिसको वो घड़ी याद न हो

बदगुमानी[9] भी मुहब्बत में बुरी होती है
वो यक़ीं हो मुझे, जिस बात की बुनियाद न हो

हे मेरे दिल की तबाही पे तअज्जुब, क्या ख़ूब
आप बरबाद करें जिसको, वो बरबाद न हो

उठ सके इस निगहे नाज़ की चोटें किससे
रूबरू तेरे जो आईना ए फ़ौलाद[10] न हो

1. अत्याचारी 2. अत्याचार का संवाद 3. जाल 4. कहना 5. प्रसन्न 6. अप्रसन्न 7. अत्याचार 8. सन्तोष 9. भ्रम 10. लोहे का दर्पण।

74

मौत का मुझको न खटका शबे हिज्राँ[1] होता
मेरे दरवाज़े, अगर आपका दरबाँ होता

गर मेरे हाथ तेरी बज़्म का सामाँ होता
मेज़बाँ मैं कभी होता, कभी मेहमाँ होता

दीन ओ दुनिया के मज़े जब थे कि दो दिल होते
एक में कुफ़्र[2] अगर एक में ईमाँ[3] होता

दिल को आसूदा[4] जो देखा, तो उन्हें ज़िद आयी
इससे बेहतर तो यही था कि परेशाँ होता

बेनियाज़ी[5] जो हुई, मेरी तमन्ना से हुई
मुझको अरमाँ जो न होता, तुझे अरमाँ होता

क्या ग़ज़ब है नहीं इंसान को इंसान की क़द्र
हर फ़रिश्ते को ये हसरत है कि इन्साँ होता

हो गयी बारेगिराँ[6] बन्दानवाज़ी[7] तेरी
तू न करता, अगर अहसान, तो अहसाँ होता

'दाग़' को हमने मुहब्बत में बहुत समझाया
वो कहा मान ना लेता, अगर इन्साँ होता

1. विरह की रात 2. अधर्म 3. धर्म 4. सन्तुष्ट 5. अवहेलना 6. बोझ 7. कृपा।

75

ये चर्चे हैं हमीं दोनों के दम से
न तुम से फिर ज़माने में, न हम से

अगर मर जायें, तो छुट जायें ग़म से
मगर ये हो नहीं सकता है हम से

न क्यों हो उनकी घबरायी हुई चाल
कि फ़ित्ने[1] लिपटे जाते हैं क़दम से

पसन्द आयी उन्हें ख़ुद तर्ज़े रफ़्तार[2]
नज़र उठती नहीं अपने क़दम से

ज़माने को, फ़लक[3] को साथ ले लो
ये जी भरता नहीं थोड़े सितम से

कहेंगे हम कि हमको चाहते हो
अगर तुम हाथ उठा बैठे सितम से

ख़ुदा बा आबरू[4] दे रिज़्क़[5] ऐ 'दाग़'
नहीं है बहस हमको बेशो कम[6] से

1. झगड़े 2. चलने का ढंग 3. आकाश 4. प्रतिष्ठा के साथ 5. रोज़ी 6. कम और अधिक।

ये तो नहीं कि तुम-सा जहाँ में हसीं नहीं
इस दिल को क्या करूँ, ये बहलता कहीं नहीं

दिल के सिवा न काबे में है वो, न दैर[1] में
गर है, तो बस यहीं है, नहीं, तो कहीं नहीं

इस दर पे जबीं सा[2] हो, तो फिर कोई क्यों उठे
या संगे आस्ताँ[3] ही नहीं या जबीं नहीं

कहता हूँ दिल से और हसीं ढूंढ़िये कोई
आता है फिर ख़्याल कि ऐसा कहीं नहीं

दुनिया का हाल हज़रते ईसा से पूछिये
क्या आसमान वालों में अह्ले ज़मीं[4] नहीं

मज़हब में अपने तर्के मुलाक़ात[5] कुफ़्र[6] है
ये बात हमनशीं[7] की कुछ दिलनशीं[8] नहीं

क्या लुत्फ़ दे रही हैं अदाएँ अताब[9] की
है मौज़ बहरे हुस्न[10] वो चीने जबीं[11] नहीं

अफ़सोस है कि दर्द भी अब छोड़ता है साथ
ये भी अख़ीर वक़्त कहीं है कहीं नहीं

1. मन्दिर 2. नतमस्तक 3. चौखट का पत्थर 4. संसारवासी 5. मिलने से इनकार 6. पाप 7. मित्र 8. प्रिय 9. क्रोध 10. सौन्दर्य की लहर 11. माथे का सलवटें।

77

ये बुत जो देते हैं, झूठी ज़बान देते हैं
ख़ुदा के वास्ते पर लोग जान देते हैं

हम इम्तिहाँ के साथ इम्तिहान देते हैं
वो जान लेने को आये, तो जान देते हैं

थकान पहुँचे न क़ातिल के दस्ते नाज़ुक[1] को
ठहर-ठहर के बहुत इम्तिहान देते हैं

मेरे फ़साने को सुन-सुन के नींद उड़ती है
दुआएँ मुझको तेरे पासबान[2] देते है

वो तुम कि रोज़ नयी बदगुमानियाँ[3] हैं तुम्हें
वो हम कि रोज़ नया इम्तिहान देते हैं

सुना है, बात भी करनी तुम्हें नहीं आती
तुम्हारे मुँह में हम अपनी ज़बान देते हैं

कहे जो 'दाग़' कि हम जांनिसार[4] हैं, सब झूठ
ये लोग मुफ़्त कहीं अपनी जान देते हैं

1. कोमल हाथ 2. चौकीदार 3. सन्देह न जान देने वाले।

78

रंज की जब गुफ़्तगू[1] होने लगी
आपसे तुम, तुमसे तू होने लगी

चाहिए पैग़ाम्बर[2] दोनों तरफ़
लुत्फ़ क्या जब दूबदू[3] होने लगी

मेरी रुस्वाई[4] की नौबत[5] आ गयी
उनकी शोहरत[6] कूबकू[7] होने लगी

अब के मिलकर देखिये क्या रंग हो
फिर हमारी जुस्तजू[8] होने लगी

'दाग़' इतराये हुए फिरते हैं आज
उनकी शायद आबरू[9] होने लगी

---

1. बातचीत 2. सन्देश-वाहक 3. आमने-सामने 4. बदनामी 5. दशा 6. प्रसिद्धि 7. गली-गली 8. तलाश 9. प्रतिष्ठा।

79

रहेगा इश्क़ तेरा ख़ाक में मिला के मुझे
कि इब्तिदा[1] में हुए रंज इन्तिहा के मुझे

हुजूमे नाज़[2] में घिरकर दुहाई दी दिल ने
ये लूट लेते हैं तनहा ग़रीब पा के मुझे

शरीक मेह्रो वफ़ा[3] में कभी किये ही बनी
ख़्याल था वो न पछताये आज़्मा के मुझे

बग़ैर मौत के किस तरह कोई मरता है
यक़ीं न आये, तो वो देख जायें आ के मुझे

बला ए इश्क़ तो दुश्मन को भी नसीब न हो
मेरा रक़ीब भी रोया गले लगा के मुझे

कहा ये दिल ने चलो आज कूए क़ातिल में
अजल[4] कहाँ से कहाँ ले गयी लगा के मुझे

हरेक शख़्स को है कैफ़ियत[5] जुदा हासिल
जफ़ा के लुत्फ़ तुझे हैं, मज़े वफ़ा के मुझे

सितम तो ये है कि फिर इस ख़ुशी की क़द्र नहीं
तुम अपने दिल में हो ख़ुश किस क़द्र सता के मुझे

---

1. प्रारम्भ 2. नखरों का अम्बार 3. कृपा 4. मृत्यु 5. नशा।

80

रहूँ सितम से भी महरूम, ये सितम क्या है
वो देखकर मुझे कहते हैं, इसमें दम क्या है

मज़ा नमाज़े सहर[1] का तो सुन लिया आख़िर
वो लुत्फ़ जामे सुबूही[2] का सुब्ह दम क्या है

ग़मे फ़िराक़[3] में जो रोज़ मरते-जीते हैं
वो जानते ही नहीं हस्ती ओ अदम क्या है

ये झुक पड़ा है फलक सबकी पायमाली[4] को
बग़ैर वज्ह सितमगर की पुश्ते ख़म[5] क्या है

सरे नियाज़[6] सलामत रहे पये तस्लीम[7]
नहीं तमीज़ हमें दैर क्या, हरम क्या है

शुमार कसरते अशिया का हो नहीं सकता
किसे ख़बर है कि अन्दाज़ ए करम क्या है

नज़र जो आये, तो हम देख लें ख़ते तक़्दीर
हमें ख़बर ही नहीं लौह[8] क्या, क़लम क्या है

किसी की तीरे निगह को मिले जगह क्योंकर
हुजूमे दाग़े अलम मेरे दिल में कम क्या है

---

1. सुबह की पूजा 2. सुबह की शराब 3. विरह का दुःख 4. बरबादी 5. झुकी हुई पीठ 6. नम्रता का सिर 7. मानने के लिए 8. पाप की तख़्ती।

81

ले चला जान मेरी रूठ के जाना तेरा
ऐसे आने से तो बेहतर[1] था न आना तेरा

अपने दिल को भी बताऊँ न ठिकाना तेरा
सब ने जाना जो पता एक ने जाना तेरा

तू जो ऐ ज़ुल्फ़ परेशान रहा करती है
किसके उजड़े हुए दिल में है ठिकाना तेरा

आरज़ू[2] ही न रही सुबहे वतन[3] की मुझको
शामे गुर्बत[4] है अजब वक़्त सुहाना तेरा

ये समझकर तुझे ऐ मौत लगा रक्खा है
काम आता है बुरे वक़्त में आना तेरा

काबा ओ दैर[5] में या चश्म ओ दिले आशिक़[6] में
इन्हीं दो-चार घरों में है ठिकाना तेरा

'दाग़' को यूँ वो मिटाते हैं, तो फ़र्माते हैं
तू बदल डाल, हुआ नाम पुराना तेरा

---

1. उचित 2. इच्छा 3. स्वदेश की सुबह 4. परदेश की साँझ 5. मन्दिर-मस्जिद 6. प्रिय के नेत्र व हृदय।

82

वाइज़ बड़ा मज़ा हो, अगर यूँ अज़ाब[1] हो
दोज़ख़[2] में पाँव, हाथ में जामे शराब[3] हो

माशूक़ का तो जुर्म हो, आशिक़ ख़राब हो
कोई करे गुनाह, किसी पर अज़ाब हो

तू मुझ पे शेफ़्ता[4] हो, मुझे इज्तिनाब[5] हो
ये इन्क़्लाब[6] हो, तो बड़ा इन्क़्लाब हो

दुनिया में क्या धरा है, क़यामत में लुत्फ़ हो
मेरा जवाब हो, न तुम्हारा जवाब हो

दुनिया से रूसियाह[7] चला हूँ पसे फ़ना[8]
मुँह पर मेरे कुन से जुदा[9] इक नक़ाब[10] हो

ऐसा लगा हुआ है मए नाब[11] का मज़ा
पानी भी पियूँ, तो मेरा मुँह ख़राब हो

दरपरदा[12] तुम जलाओ, जलाऊँ न मैं चख़ुश[13]
मेरा भी नाम 'दाग़' है, गर तुम हिजाब[14] हो

1. सज़ा 2. नरक 3. मदिरापात्र 4. मिटा हुआ 5. परहेज़ 6. परिवर्तन 7. काला मुँह 8. मरणोपरान्त 9. अलग 10. परदा 11. मदिरा 12. चोरी-चोरी 13. क्या ही अच्छा हो 14. परदा, दाग़ की मेहबूबा का नाम।

83

वो क़त्ल किया उसने, शोहरत हो किसी की
क्या लुत्फ़ हो महशर[1] में, तुर्बत[2] हो किसी की

मिट जाये कोई हुस्न से, शोहरत हो किसी की
मातम हो किसी का, शबे इशरत[3] हो किसी की

बेदिल है ये माशूक़ भी आशिक़ से ज़ियादा
दिल हो, तो ज़रूर उसमें मुहब्बत हो किसी की

ऐ नामाबर[4] अन्दाज़े सुख़न[5] सीख ले मुझसे
तारीफ़ के पहलू में शिकायत हो किसी की

देखी है वो शोख़ी कि ये जी चाह रहा है
मिट्टी के भी पुतले में शरारत हो किसी की

लड़ना, कभी मिलना, कभी आना, कभी जाना
तुम शोख़ हो या शोख़ तबीअत हो किसी की

वह 'दाग़' हमारी नहीं सुनता, नहीं सुनता
ऐसी भी इलाही न बुरी मत[6] हो किसी की

1. क़यामत 2. क़ब्र 3. सुख की रात 4. सन्देशवाहक 5. बात करने का ढंग 6. बुद्धि।

❧ 84 ❧

वो दुश्नाम[1] लाखों मुझे दे रहे हैं
मज़े लेने वाले मज़े ले रहे हैं

अजब ख़ूबियाँ ख़ूबरूओं[2] में देखीं
बुराई में भी सबसे अच्छे रहे हैं

मज़ा दे गया है फ़साना[3] हमारा
महीनों वहाँ इसके चर्चे रहे हैं

जिधर से वो गुज़रे क़यामत बपा[4] थी
कि नक़्शे क़दम तक तड़पते रहे हैं

अदम[5] को चले जायेंगे हिज्र[6] में हम
अकेले रहेंगे, अकेले रहे हैं

मुहब्बत में अच्छा नहीं दौड़ चलना
जो आगे चले हैं, वो पीछे रहे हैं

नसीबों से मिलता है दर्दे मुहब्बत
यहाँ मरने वाले ही अच्छे रहे हैं

जिन्हें उसनें लिक्खा है हर्फ़े तसल्ली
वे कम्बख़्त बरसों तड़पते रहे हैं

1. गाली 2. सुन्दर लोग 3. कहानी 4. उत्पन्न 5. परलोक 6. विरह।

85

वो बुत दिल में मेहमाँ हुआ चाहता है
नया दीनों ईमाँ हुआ चाहता है

लबे यार ख़न्दा[1] हुआ चाहता है
कोई अहदो पैमाँ[2] हुआ चाहता है

तेरी दोस्ती में ये थोड़ी ख़ुशी है
कि दुश्मन पशेमाँ[3] हुआ चाहता है

कहे देती है सरगिरानी[4] हमारी
अजल[5] का कुछ एहसाँ हुआ चाहता है

थकाकर हटाने लगी मुझको गर्दिश
बयाबाँ[6] भी ज़िन्दाँ[7] हुआ चाहता है

किया 'दाग़' उसने जो झूठा ही वादा
तेरा काम आसाँ हुआ चाहता है

1. हँसता हुआ 2. वादा 3. लज्ज़ित 4. सिर का बोझ 5. मृत्यु 6. जंगल 7. बन्दीगृह।

☙ 86 ❧

वो लेते हैं चुटकी दमे गुफ़्तार[1] ज़रा-सी
क्या दिल को मज़ा देती है तक़रार ज़रा-सी

अन्देशा है इक साहबे तक़रार की नज़र का
मै छोड़ दिया करते हैं मैख़्वार ज़रा-सी

उस फ़ित्न ए आलम[2] से ये कहती है क़यामत
दे डाल मुझे शोख़ि ए रफ़्तार ज़रा-सी

मूसा को तो जब भी न रही ताबे नज़ारा[3]
झलकी थी पये तालिबे दीदार[4] ज़रा-सी

उस शाने रहीमी[5] ने बहुत रंग दिखाया
जिस वक़्त झुकी चश्मे गुनहगार ज़रा-सी

साक़ी मुझे तरसा के पिलाता है म-ए-नाब[6]
इक बार बहुत-सी नहीं, हर बार ज़रा-सी

कहता है वो हम 'दाग़' को दिल में नहीं रखते
मैं चाहूँ, जगह दे मुझे दिलदार ज़रा-सी

---

1. बात करने समय 2. उपद्रवी 3. देखने की शक्ति 4. दर्शनाभिलाषी 5. ईश्वरीय साया 6. शराब।

87

शबनम[1] से शबे हिज्र[2] की ज़ुल्मत[3] नहीं जाती
सौ शोब[4] पड़े, फिर भी ये रंगत नहीं जाती

ऐ उम्रे रवाँ[5] उसको भी हमराह[6] लिये जा
तू जाती है, दिल से तेरी हसरत नहीं जाती

ज़ाहिद अगर ये पस्त[7] है मस्जिद से, तो क्या है
कुछ इससे तो मैख़ाने की अज़्मत[8] नहीं जाती

हरचन्द बला[9] है, मगर इसमें भी वफ़ा है
घर ग़ैर से मेरी शबे फ़ुर्क़त[10] नहीं जाती

कितने भी हैं पामाल[11] तेरी राहगुज़र में
दो-चार क़दम उठ के क़यामत नहीं जाती

सो जाती है उठ-उठ के जगाने से शबे वस्ल[12]
उन नींद भरी आँखों की ग़फ़लत[13] नहीं जाती

ऐ 'दाग़' बुरा मान ना तू उसके कहे का
माशूक़ की गाली से तो इज़्ज़त नहीं जाती

1. ओस 2. विरह की रात 3. अँधेरा 4. दुःख 5. बढ़ती हुई आयु 6. साथ 7. छोटा 8. प्रतिष्ठा 9. मुसीबत 10. रात 11. बरबाद 12. मिलन की रात 14. लापरवाही।

❧ 88 ☙

शबे वस्ल[1] दिल में बसर हो गयी
नहीं होते-होते सहर हो गयी

निगह ग़ैर पर बेअसर हो गयी
तुम्हारी नज़र को नज़र हो गयी

लगाते हैं दिल उससे, अब हार-जीत
इधर हो गयी या उधर हो गयी

बुरे हाल से या भले हाल से
तुम्हें क्या, हमारी बसर हो गयी

मयस्सर[2] हमें ख़्वाब ओ राहत कहाँ
ज़रा आँख झपकी, सहर हो गयी

निगाहे सितम[3] में कुछ ईजाद[4] हो
कि ये तो पुरानी नज़र हो गयी

शबे वस्ल ऐसी खुली चाँदनी
वो घबरा के बोले, सहर हो गयी

कहो क्या करोगे मेरे वस्ल की
जो मशहूर झूठी ख़बर हो गयी

---

1. मिलन की रात 2. प्राप्त 3. अत्याचारी आँख 4. आविष्कार।

89

शोले दिले पुरसोज़[1] में उठते हैं ग़ज़ब के
ये आग नहीं वो, जो रहे आग में दब के

होता है शरीक आप ये दुःख-दर्द में सबके
क्या हौसले हैं ये दिले आज़ार तलब[2] के

हैरत है कि ये आग दबाती है दवा को
इस दिल की क़दूरत[3] में रहे साँस से दब के

उठते हैं, पहुँच जाते हैं ये तादरे मक़्सूद[4]
है दस्ते दुआ[5] में भी चल न पाये तलब[6] के

बेवज्ह किसी पर कोई आशिक़ नहीं होता
हम आलमे असबाब[7] में क़ाइल हैं सबब के

वो मुर्दे को ज़िन्दा करें, ये ज़िन्दे को मुर्दा
वो चश्म के जादू हैं, ये एजाज़[8] हैं लब के

दरबारे सलाती[9] तो नहीं आपकी महफ़िल
आशिक़ भी कभी रहते हैं पाबन्द अदब के

जो भेद की बातें हैं रक़ीबों से मिलेंगी
वो हैं मेरे मतलब के, वही हैं मेरे ढब के

1. जलता हुआ हृदय 2. दुखी हृदय 3. गन्दगी 4. निश्चित स्थान 5. प्रार्थना में उठे हुए हाथ 6. इच्छा के पाँव 7. तर्क का संसार 8. जादू 9. बादशाहों का दरबार।

ॐ 90 ॐ

लोग जिधर हैं, वो उधर देख रहे हैं
हम देखने वालों की नज़र देख रहे हैं

कोई तो निकल आयेगा सरबाज़े मुहब्बत[1]
दिल देख रहे हैं, वो जिगर देख रहे हैं

अब ऐ निगहे शौक़[2] न रह जाये तमन्ना
इस वक़्त वो इधर से उधर देख रहे हैं

कब तक है तुम्हारा सुख़ने तल्ख़[3] गवारा[4]
इस ज़हर में है कितना असर देख रहे हैं

कुछ देख रहे हैं दिले बिस्मिल[5] का तड़पना
कुछ ग़ौर से क़ातिल का हुनर देख रहे हैं

क्यों कुफ़्र[6] है दीदारे सनम हज़रते वाइज़
अल्लाह दिखाता है, बशर देख रहे हैं

पढ़-पढ़ के वो दम[7] करते हैं कुछ हाथ पर अपने
हँस-हँस के मेरे जख़्मे जिगर देख रहे हैं

मैं 'दाग़' हूँ, मरता हूँ इधर देखिये मुझको
मुँह फेरकर ये आप किधर देख रहे हैं

---

1. प्रेम का सिपाही 2. इच्छुक नेत्र 3. कड़वी बात 4. सहन करना 5. घायल हृदय 6. अधर्म 7. फूँकना।

91

सबसे तुम अच्छे हो, तुम से मेरी क़िस्मत अच्छी
यही कम्बख़्त दिखा देती है सूरत अच्छी

हुस्ने माशूक़ से है कामयाब हुस्ने सुख़न[1]
एक होती है हज़ारों में तबीअत अच्छी

मेरी तस्वीर जो देखी, तो कहा शरमाकर
ये बुरा शख़्स है, इसकी नहीं नीयत अच्छी

हर तरफ़ दिल का, ज़रजान[2] का नुक्साँ देखा
न मुहब्बत तेरी अच्छी, न अदावत[3] अच्छी

जो हो आग़ाज़[4] में बेहतर[5] वो ख़ुशी है बदतर[6]
जिसका अंजाम हो अच्छा, वही दौलत अच्छी

ज़ोरो ज़र[7] से भी कहीं 'दाग़' हसीं मिलते हैं
अपने नज़्दीक़ तो है सबसे इताअत[8] अच्छी

---

1. कृतित्व 2. कण-कण 3. शत्रुता 4. प्रारम्भ 5. अच्छा 6. बुरा 7. धन की शक्ति 8. आज्ञापालन।

92

सर को है तेरे संगे दर[1] की तलाश
पाँव को तेरी रहगुज़र[2] की तलाश

जोश खाता है क्या-क्या सीने में
ख़ूने दिल को है चश्मे तर की तलाश

अह्ले दुनिया[3] को होगी जन्नत में
कभी शब की, कभी सहर की तलाश

मंज़िले इश्क़ दरकिनार[4] रही
चाहिए पहले राहबर[5] की तलाश

ये ख़राबा ख़राब करता है
ना करे कोई सीमोज़र[6] की तलाश

किन हिजाबों में उसको पाया है
क्यों न हारे बाहिरे बशरे[7] की तलाश

1. द्वार की चौखट 2. रास्ता 3. संसार वाला 4. दूर 5. पथप्रदर्शक 6. सोना-चाँदी 7. स्पष्ट व्यक्ति।

मेरे हाले जबूँ से घबराकर
चारागर[9] को ही चारागर की तलाश

हज़रते 'दाग़' का ये सिने शरीफ़[10]
और फिर शोख़ सोम ओबर[11] की तलाश

8. स्वप्न 9. चिकित्सक 10. अधिक आयु 11. चंचल प्रेमिका।

❧ 93 ❧

साक़िया[1] दे भी म ए रूहफ़ज़ा[2] थोड़ी-सी
बेवफ़ा उम्र[3] करे और वफ़ा[4] थोड़ी-सी

हम तो उस आँख के हैं देखने वाले, देखो
जिसमें शोख़ी है बहुत और हया थोड़ी-सी

अभी बुतख़ाना के सिज्दों से तो फ़ुर्सत हो ले
जा के मस्जिद में भी कर लेंगे अदा थोड़ी-सी

बाद मुर्दन[5] मेरे मर्क़द[6] में बना दे रोज़न[7]
आती-जाती रहे दुनिया की हवा थोड़ी-सी

---

1. शराब देने वाला 2. हृदय का सन्तोष देने वाला 3. निष्ठुर आयु 4. साथ देना 5. मरणोपरान्त 6. क़ब्र 7. खिड़की।

94

साफ़ कब इम्तिहान लेते हैं
वो तो दम दे के जान लेते हैं

तुम तग़ाफुल करो रक़ीबों से
जानने वाले जान लेते हैं

फिर न आना अगर कोई भेजे
नामाबर से ज़ुबान लेते हैं

कौन जाता है उस गली में जिसे
दूर से पासबान लेते हैं

कर गुज़रते हैं हो बुरी या भली
दिल में जो कुछ वो ठान लेते हैं

वो झगड़ते हैं जब रक़ीबों से
बीच में मुझको सान लेते हैं

ज़िद हर इक बात पर नहीं अच्छी
दोस्त की दोस्त मान लेते हैं

❧ 95 ❧

सुबह तक दिल को दिलासे शबे ग़म देते हैं
जिसको तुम दे नहीं सकते, उसे हम देते हैं

हस्बे ख़्वाहिश[1] वो कहाँ रंजो अलम[2] देते हैं
माँगने वालों को आज़ार[3] भी कम देते हैं

ख़ाक देते हैं, जो यूँ अहले करम[4] देते हैं
सौ बताते हैं, अगर एक दरम[5] देते हैं

वादा करने को वो तैयार थे सच्चे दिल से
मैंने कमबख़्त ये जाना, मुझे दम[6] देते हैं

किसने ख़ुशबू से बसाया है कफ़न को मेरे
कि दुआएँ मुझे सब अहले करम देते हैं

मुझसे कहते हैं वो परवाने को देखा तूने
देख यूँ जलते हैं, इस तरह से दम[7] देते हैं

यूँ वफ़ा करती जो ऐ उम्रे रवाँ क्या होता
बेवफ़ाई पे तेरे सैकड़ों दम देते हैं

रंज देने का अबस[8] 'दाग़' है शिकवा उनसे
जिसको देता है ख़ुदा, उसको सनम देते हैं

---

1. इच्छानुसार 2. दुःख-दर्द 3. दुःख 4. दानी व्यक्ति 5. पैसा 6. लालच 7. जान 8. व्यर्थ।

हज़ारों रंजो मुसीबत के दिन गुज़ारे हैं
कभी जो लड़ गयी क़िस्मत तो वारे-न्यारे हैं

ख़ुदा की शाने करीमी[1] को पूछना क्या है
ग़ज़ब तो ये है कि गुनहगार हम तुम्हारे हैं

बुरा न मान हसीनों को जान ऐ वाइज़[2]
ख़ुदा गवाह ये बन्दे ख़ुदा को प्यारे हैं

तुम्हारी चश्मे फ़ुसूँ साज़[3] से नहीं शिकवा
हमें है ख़ूब ख़बर जिनके ये इशारे हैं

वफ़ा करो कि जफ़ा, इख़्तियार है तुमको
कि बुरे हैं या भले, जैसे हैं, तुम्हारे हैं

खुले न बाबे इजाबत[4] तो क्या करे कोई
बहुत दुआ ने पुकारा है, हाथ मारे हैं

1. कृपा का भाव 2. उपदेशक 3. जादू-भरी आँख 4. स्वीकृति का द्वार।

बहकती फिरती हैं आहें तबाह[5] हैं नाले
रफ़ीक़[6] दिल के सहारे से बेसहारे हैं

ज़मीं पे रश्के मह ओ मेह्र[7] हैं हँसीं लाखों
फ़लक[8] में दो ही तो चमके हुए सितारे हैं

---

5. बरबाद 6. दोस्त 7. चाँद-सूरज को लज्ज़ित करने वाला 8 आसमान।

☙ 97 ❧

हमारे दिल में बेखटके मुहब्बत अपनी रहने दो
अमानतदार का घर है, अमानत अपनी रहने दो

जो है मुश्ताक़[1] उनके दिल में हसरत अपनी रहने दो
कोई दिन और भी परदे में सूरत अपनी रहने दो

नहीं है इश्तिहा[2] अब तक, बहुत ग़म खा के आया हूँ
कहूँगा अह्ले जन्नत से नियामत[3] अपनी रहने दो

ग़ज़ब की बात है, ये मशवरा देते हैं वो मुझको
रक़ीबों से भी तुम साहब-सलामत अपनी रहने दो

डराया है, मनाया है, ये कहकर वस्ल में उसने
बिगड़ जायेंगे हम, बस-बस शिकायत अपनी रहने दो

हमें दीदार से महरूम[4] रखकर है नज़र दिल पर
पराया माल ताको और दौलत अपनी रहने दो

1. इच्छुक 2. इच्छा 3. धरोहर 4. वंचित।

बज़ाहिर[5] मेहरबानी है, तो दिल में बदगुमानी है
सलाम ऐसी इनायत[6] को, इनायत अपनी रहने दो

न घबरा जाये रहकर एक मेहमाँ खान ए दिल में
कुछ उल्फ़त मेरी रहने दो, कुछ उल्फ़त अपनी रहने दो

5. प्रत्यक्ष 6. कृपा।

98

हाले दिल तुझसे दिलाज़ार[1] कहूँ या न कहूँ
ख़ौफ़ है मान ए इज़्हार कहूँ या न कहूँ

नाम ज़ालिम का जब आता है, बिगड़ जाते हो
आसमाँ को भी सितमगार[2] कहूँ या न कहूँ

आख़िर इंसान हूँ मैं, सब ओ तहम्मुल[3] कब तक
सैकड़ों सुन के भी दो-चार कहूँ या न कहूँ

हाथ क्यों रखते हो मुँह पर मेरे, मतलब क्या है
बाइसे रंजिश ओ तक़रार[4] कहूँ या न कहूँ

फ़िक्र है, सोच है, तश्वीश[5] है क्या-क्या कुछ है
दिल से भी इश्क़ के असरार[6] कहूँ या न कहूँ

'दाग़' है नाम मेरा, बर्क़ तबीअते[7] मेरी
गर्म इस तरह के अश्आर[8] कहूँ या न कहूँ

1. दुःखदायी 2. अत्याचार 3. सन्तोष 4. झगड़े का कारण 5. चिन्ता 6. भेद 7. बिजली-जैसा स्वभाव 8. शाइरी।

99

हिज्र की ये रात कैसी रात है
एक मैं हूँ या ख़ुदा की ज़ात है

आपकी हर बात में वो बात है
चाल है, फ़िक्र[1] है, दम[2] है, घात[3] है

तूने क़ासिद जो कही दिल की लगी[4]
ये उसी काफ़िर[5] के दिल की बात है

उनका क़ासिद[6] ले चला है दिल मेरा
ताज़ा फ़र्माइश[7] नयी सौग़ात[8] है

'दाग़' से जाकर मिले थे हम भी आज
आदमी ख़ुश वज़्आ[9] ख़ुश औक़ात[10] है

---

1. व्यंग्य 2. लालच 3. धोखा 4. प्रणय 5. शत्रु 6. सन्देशवाहक 7. माँग 8. भेंट 9. अच्छे ढंग का 10. अच्छे व्यक्तित्व का।

☙ 100 ❧

हुआ रश्के अदू[1] भी आशिक़ी में
लगा दी और क़िस्मत ने लगी में

करूँ क्या चार दिन की ज़िन्दगी में
रही जाती है हसरत जी की जी में

बुतों से अब मुआफ़ी चाहता हूँ
ख़ुदा से कुछ कहा था बेख़ुदी[2] में

न इतरा ऐ दिले नादाँ शबे वस्ल[3]
कोई ग़म हो ही जाता है ख़ुशी में

अकेले बैठकर क्या सोचते हो
ये तनहाई है दाख़िल बेकसी में

तुम्हें खुल जायेगी दिल की तमन्ना
अभी है बन्द ख़ुशबू इस कली में

1. दुश्मन से ईर्ष्या 2. मस्ती 3. मिलन की रात।

दिले वीराँ के ज़ाहिर पर न जाओ
न होने पर भी सब कुछ है इसी में

वो लेकर क्या करें उश्शाक़[4] के दिल
किसी में दाग़ है, काँटा किसी में

4. प्रेमीजन।

101

हुक्म ये है कि मेरे पास न आये कोई
इसलिए रूठ रहे हैं कि मनाये कोई

ये न पूछो कि ग़मे हिज्र में कैसी गुज़री
दिल दिखाने का अगर हो, तो दिखाये कोई

हो चुका ऐश[1] का जलसा, तो मुझे ख़त पहुँचा
आपकी तरह से मेहमान बुलाये कोई

तर्क़े बेदाद[2] की तुम दाद[3] न चाहो मुझसे
करके एहसान न एहसान जताये कोई

क्या वो मैं[4] दाख़िले दावत[5] ही नहीं ऐ वाइज़[6]
मेहरबानी से बुलाकर जो पिलाये कोई

सर्द मेहरी[7] से ज़माने के हुआ है दिल सर्द[8]
रख के इस चीज़ को आग लगाये कोई

आपने 'दाग़' को मुँह भी न लगाया, अफसोस
उसको रखता था कलेजे से लगाये कोई

---

1. आराम 2. अत्याचार छोड़ना 3. प्रशंसा 4. मदिरा 5. निमंत्रण 6. धर्मोपदेशक 7. कठोरता 8. दुखी।

❧ 102 ❧

हुस्ने अदा[1] भी ख़ूबिए सूरत में चाहिए
ये बढ़ती दौलत ऐसी ही दौलत में चाहिए

हिम्मत का हारना न मुसीबत में चाहिए
थोड़ा-सा हौसला भी तबीअत में चाहिए

बाहम ये मेल-जोल मुहब्बत में चाहिए
मेरी तबीअत उसकी तबीअत में चाहिए

आज़ाद राहे रास्त[2] पर काफ़िर[3] तेरा मिज़ाज
इक बन्दए ख़ुदा[4] तेरी ख़िदमत में चाहिए

क्या लुत्फ़े दुश्मनी, जो तअल्लुक़ ही उठ गया
कुछ छेड़-छाड़ भी तो अदावत[5] में चाहिए

इंसाफ़ से कहो कि ये बेदाद का तरीक़ा
तुमको न चाहिए कि मुहब्बत में चाहिए

---

1. चंचल सौन्दर्य 2. ठीक रास्ता 3. प्रेमपात्र 4. ईश्वरभक्त 5. शत्रुता।

आया है क्या पसन्द ख़मे ज़ुल्फ़े पुरशिकन[6]
कहता हूँ ये बला मेरी क़िस्मत में चाहिए

उस चश्मे सहरे-फ़न[7] ने किया है मुझे हलाक़[8]
जादू की रौशनी मेरी तुर्बत[9] में चाहिए

6. घुँघराले बाल 7. जादू-भरी आँखें 8. जान से मारना 9. क़ब्र।